カール=グスタフ=ユング

# ユング

●人と思想

林　道義　著

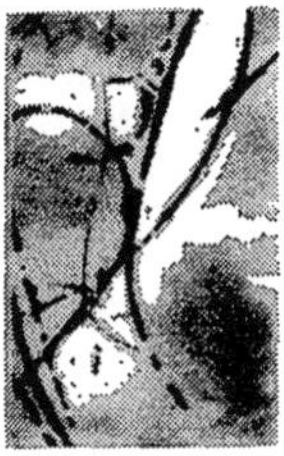

59

Century Books　清水書院

# はじめに



最近ユング心理学がにわかに脚光をあび、ユングに対する関心が非常に高まってきている。もともとユングの思想にはとっつきにくいというか、やや高踏的なところがあって、フロイトのように大衆化しにくい性質があるが、それがこんなに読まれるようになったというのは、いろいろ理由があるにせよ、やはり一番大きいのは西洋文明に対する反省ということであろう。西洋文明の特徴は、外的な快適さや便利さを優先し、それを合理的な力で強引に解決していくところにあり、金銭的な価値や出世や外見を重んじて、内面的な心のあり方や、全体の調和をないがしろにする傾向がある。一口で言えば物質主義であるが、これに対する反省から「心の問題」を扱うものとして、哲学、宗教、思想、心理と呼ばれるものが注目されるようになってきているのである。

それでは、西洋文明への反省というのならば、東洋思想を勉強したらいいではないか、今さら西洋人であるユングの思想を研究しなくてもよいのではないか、という疑問がわいてくることと思う。たしかに東洋の思想には貴重な知恵が含まれており、ユングも我々普通の東洋人よりはるかに深く東洋思想を研究している。しかしユングは西洋文明がだめなら東洋文化を、というような単純な考え方をしない人であった。西洋文明にもよいところがあるし、東洋思想にも欠けたところがあるだろう。両方のよいところを結びつけ、総合できないだろうか、という欲ばったことを考えたのである。

ユングを読んでいて、すごいと感ずることは、一つには西洋文化に対する批判の鋭さ、深さである。彼は自然科学が好きで若いときよく勉強したし、他方また父親がプロテスタントの牧師で、小さいときから神学上の問題に悩みながら育っている。そのために、彼の西洋批判は、深く理解した上で、いわば内からの批判であるから、肺腑をえぐるといった感じがする。そして批判が深いところに到達していればいるほど、それだけそれにかわる原理も高いものが出てくるものである。ユングが切り開いていった境地は、東洋のよさも取り入れながら、しかし西洋のよいところも決して捨てないで、両方を総合するものだったのである。一口で言えば、合理的な精神と、神秘的な境地とを総合する、一段と高い思想だと言えるであろう。

このようにユングの思想は、単純に「あれかこれか」というものではなくて、「あれもこれも」という欲ばったところがあるし、一つのことについても、よいと言っているようでもあるし、悪いと言っているようでもあり、物ごとを割り切って考えたい人には、一体どっちなんだと怒鳴りたくなるようなところがある。しかし、だからといって、決してあいまいというのではなく、よく味わってみると、深い智恵が感じられるのである。

さて、こういう思想を、全くの初心者に解説することは、たいへん骨の折れる仕事である。そもそも入門書というものは、その道をきわめつくした最高の理解者でなければ、ほんとうは書けないはずのものである。ところが私はどうかというと、これが全くの素人である。正規のルートでユング心理学を教わったこともなく、ただユングを好きで、そしてその思想が私にピッタリ合っていると感じて、うれしくてたまらず、夢中になって一人で勉強してきたというにすぎない。決して専門家とか権威者と言われる範疇には入らない人間である。それが責任ある入門書を書くということは、考えてみれば無謀なことで、傲慢のそしりを免れないかもしれないであろう。

しかし私には三つばかり利点をもっているという密かな自信がある。これを言ってしまうと密かでなくなってしまうが、私がこの本を書く決心をしたことと関係があるので、やはりここに述べておこうと思う。第一は私がまだ初心者に近いところがあるという点である。私もつい数年前までは初心者であったし、まだそのころの記憶が鮮やかである。初心者がどこでひっかかり、どこでつまずくか、わりあいよく知っているということができる。それに、この数年間、大学の一、二年生にゼミなどでユングを教えているので、初心者がどういうことに疑問をもつかを知る機会が多い。これはたしかに入門書を書くばあいの利点と言ってよいと思う。第二によいことは、私がユングを非常に好きだということ、そしてユングの発想や感じ方にたいへん近いということである。好きだから、間違った紹介をしてはいけない、できるだけよい紹介をしようと一生懸命になる。これも利点と言えば言えるであろう。

しかし、第三に一番よいことは、私が合理主義者であった、そして今も相当に合理的であるということであると思う。ユングは非合理的なものの大切さを説き、その理解に一生を奉げた人であるのに、その人を紹介する人間が合理的であることを利点だというのは、やや奇異に聞こえるかもしれないので、少し説明しておこう。私は三十歳ぐらいまでは非常に強い合理主義者であったが、その後そのことに疑問をもって、非合理的なものの価値に眼を向けていくようになり、その中でユングと出会ったのであった。それゆえ今でも合理的な眼でユングを見ているという面が多分にある。もちろんユングには合理的な面と神秘的な面の両面があり、それを総合しているのであるから、合理的な眼も必要なことは当然であるが、そういう一般的な意味だけではない。というのは、我々現代人は合理主義的な学校教育を受けてくるので、高校生や大学生になると、すでに相当に強い合理主義者になってしまっている。まして学者といわれる人となると、最高の合理主義・知性主義をもっている。そういう人々に説明するには、合理的な説明の方が納得しやすい面もあるとは言えるであろう。もっともこのことも、比較的にそうだというにすぎず、やはりユングをほんとうに深く理解するには、最後には自分で感ずるということが大切であって、言葉による合理的な説明はあくまで一つの指標にすぎないのである。

以上に利点としてあげたことは、じつは見方によっては私の欠点にもなりうることであって、私の理解が不十分である、あるいは大事なところで大きくはずれているという可能性も考えられるところである。この点には十分に注意しなければならないと思うが、しかし幸い我が国のユング心理学の第一人者と目される河合隼雄先生がこの仕事を薦めて下さったところを見ると、第三者から見ても私のユング理解はそう大きくはずれているということはなさそうである。

このようなわけで、ユングの思想を初心者に解説するという仕事を引き受けたのであるが、それを始めるにあたって、私は一つの方針を決めておきたいと思う。その方針とは重点主義ということである。この一冊でユングのすべてがわかるとか、またユング特有の用語のすべてを網羅的に説明するということは、はじめから狙っていない。それよりむしろユング思想のカンどころ・急所をおさえて、重点的に明らかにしていくという方法をとりたいと思う。つまりユングの発想や感じ方の体質といったところに焦点をあてていきたいと思っている。したがって読者も、ユングという人とその思想についての知識をためこむというのでなく、その人と思想の「感じ」をつかむという姿勢で読みすすんでいって頂きたいと思うのである。

それから、これは断るまでもないとは思うが、ユングは臨床心理学者または深層心理学者として知られており、そうした視点からの紹介が多いのであるが、本書ではユングを一人の思想家として扱い、その思想の特性を明らかにするという観点から、ユングその人に迫っていきたいと考えている。この点予め承知しておいて頂きたいと思う。

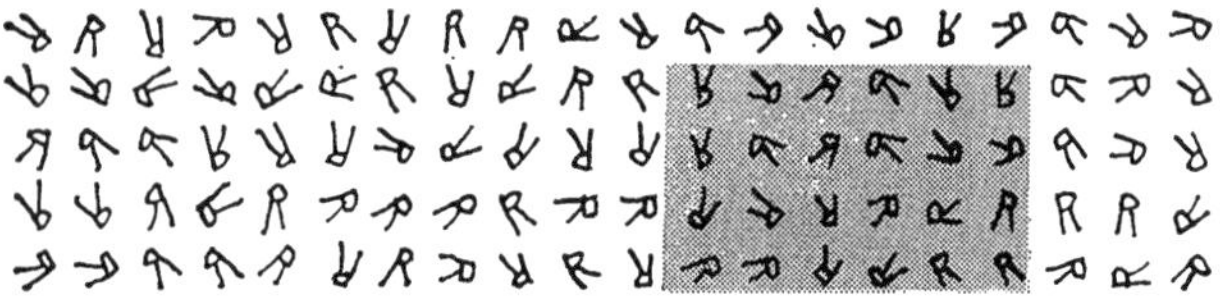

# 目次

■人と思想

# ユング

# 一　心はもう一つの現実

心理学と名のつくものはすべて心を扱う学問であるが、この心と呼ばれるものは、なんともとらまえどころのないものである。目で見たり手で触れたりできる、いわゆる物質の世界が存在しているることは誰でもすぐ理解できるが、心といわれるものは一体ほんとうに存在しているのかどうかさえはっきりしない。心の実在を信じている未開人にしても、それがどこにあるかよくわからず、ある部族は頭にあると言い、他の者は胸（心臓）にあると言い、別の部族は腹（肝臓）にあると信じている始末で、どうもよくわからない。こんなわけで、心というものは、確かな現実的な世界である物質の世界とは全くちがうものであるばかりか、本当は存在していないもの、非現実的なものであると多くの人が考えるようになってしまっている。しかし本当に心は非現実的なものなのであろうか。このことを考えるために、最も非現実的なものの代名詞になっている夢や空想について考えてみたいと思う。

## 夢は現実である

フロイト派でもユング派でも、深層心理学といわれる学問は夢や空想を非常に重要視する。ところが合理的にものを考える人は、夢のような不確かな、現実と関係のない、いいかげんなものを対象として、何かきちんとした学問ができるわけがない、そんなものを扱う学問はたいした学問ではないと、つい考えがちである。もっと世の中の実際に役に立ち、科学的に証明できる学問の方が立派に思えてくるものである。じつは正直に言うと、少し前まで私もそのように考えていた。深層心理学にたずさわっている人たちには申し訳ないのであるが、以前私も、夢など真面目に扱って、物好きな人もいるものだぐらいにしか考えていなかったのである。

しかし、ほんとうに夢というものは、現実の人間生活とは何の関係もない、たわいもない、カスミのようなものであろうか。それとも人間にとって現実的意味をもっているのであろうか。この問題に答えるためには、人は夢をどうして見るのかということを考えてみるのがよいと思う。

そこで、いま私が夢は人間の心の働きによって作られるのだと言ったとすると、どうであろうか。これには別に反対する人はいないと思うが、あまりに漠然としすぎていると言われるかもしれない。しかし、とにかく夢は我々人間が作るものであることは間違いないようである。そこでフランス語では「夢を見る」ことを fait《フェ》 un《タン》 rêve《レーヴ》（夢を作る）と表現する。しかし、このように「作る」と、あからさまに表現すると、夢というものは人間が意識的に作るものであるというニュアンスが加わってきて、合理的な意識が作るにしてはどうも夢とはいい加減なものだ、だから夢はくだらないものだという評価が入りこんでくるように感じられる。fait un rêve とは、いかにも合理的な精神を重んずるフランス人らしい表現である。

しかし夢を作るという場合、「作る」というのを意識的に作るという意味に限定してしまうと、どうも納得がいかないところが出て来てしまう。たしかに寝ているときは意識の働きが弱まるから、夢のようないい加減なものが出来上がるのだと言う人がいるかもしれないが、しかし夢はいい加減なものばかりではなく、なかなか立派なストーリーをもっていたり、思いもかけないヒントや知恵を与えてくれるすばらしいものもある。弱まっていい加減になっている意識の力だけで作れるものとはどうも考えにくいのである。

この難点を解決するためには、人間には自分では知らない心の働きがあって、起きているときにはあまり表面に現われないが眠っているときには働き出して、それが夢の内容となって現われると考えれば、うまく説明がつく。この自分では知らない心の働きをフロイトやユングは「無意識」と名づけたのである。すると夢とは意識と無意識の複雑なからまり合いの中から生まれてくるものであり、その中には、その人の無意識の特徴が現われているはずであるから、我々が自分の知らない心の働きを知る上で非常に貴重なものだということになるであろう。

ちょうど我々が健康なときには心臓や胃腸の働きを何も感じないし、教えられなければ何も知らないが、やはりそれらの器官は現実に働いているように、無意識というものも我々の心の中にあって現実に存在し、いろいろな働きをしているのだというわけである。そうなると、それの現われである夢もきわめて現実的なものだと言えるわけである。

しかし、そうは言っても、無意識とは意識できないから無意識なのだから、それが存在することは証明のしようがないではないか、という疑問を懐く人は少なくないと思われる。合理的にものを考える人は、科学的に証明して見せてくれなければ納得できないと思うものである。ユングの時代のヨーロッパでも、とくに学界では合理主義が強かったので、ユングもその要求の圧力を人一倍感じていたにちがいない。彼はついに無意識の存在を科学的に証明する、すばらしい独創的な方法を考え出した。それが有名な言語連想実験といわれるものである。

**無意識は実在する**

連想実験を紹介する前に、それがどんな原理から成り立っているかを説明しておこう。じつは無意識というのは、その当人にとって無意識だということなので、他人から見ると、その人の言動の中に、自分では気がついていない心の内容が現われていることがありうる。つまり、人は他人の無意識ならば、わりあい簡単に認識することができる場合もあるのである。

たとえば、このごろ、他人の心の底を読みとる術を教える、といった本が出ていて、それによると、挨拶や坐り方、表情、話し方や仕事の仕方から、他人の隠された心を見抜く法といった、本当らしいような、まゆつばかもしれないようなことが沢山書いてあるが、一つ一つの事例が真理であるかどうかは別として、確かにそういうことは可能なわけである。つまり本人には意識されていない言動の中に、その人の自覚していない心の働きが現われるということはありうるわけである。もっとも、深層心理学の応用であると銘うっているそれらの本の内容は、深層でも何でもない、意識にごく近い、むしろ浅層心理学というべきものにすぎないが、しかし原理的には同じ方法を用いてもっと深い無意識の実在を証明して見せたのが、ユングの連想実験である。

連想実験というのは、正確に言うと言語連想実験と言われるように、言葉を使った検査方法である。検査者はあらかじめ百の単語を用意しておき、それを順番に言っていく。検査を受ける人は、その一つ一つに対して、連想した単語を言う。検査者はそれを書きとめ、同時に反応にかかった時間が何秒かを書いておく。そうして同じことをもう一度やるわけである。たとえば「山」と言ったら「川」と答える、「白」と言ったら「黒」と答える、「鳥」と言ったら「飛ぶ」と答える、こういう普通の答えが返ってくるときは、反応時間も短かくて、たいてい一秒ぐらいである。ところが「鳥」と言ったのに、すぐに答えられないで、ウーンなどと言いながら五秒もしてから「こわい」などと答える人がいる。こういう反応のみだれが起こるのは、この人が幼い時にカラスに襲われてこわい思いをしたことがあって、「鳥」と言われたとたんに、そのときのことが思い出されて、普通の

**連想実験刺激語表**

| | | | | | | | |
|---|---|---|---|---|---|---|---|
| 1 | 朝顔 | 26 | やくざ | 51 | 熊 | 76 | マリア |
| 2 | 冷たい | 27 | 冷蔵庫 | 52 | 空 | 77 | 噂話 |
| 3 | 椅子 | 28 | 走る | 53 | なぐる | 78 | ラケット |
| 4 | 歩く | 29 | タバコ | 54 | ライオン | 79 | 電車 |
| 5 | 根くら | 30 | 足 | 55 | 飛行機 | 80 | ピンポン |
| 6 | 白い | 31 | 天狗 | 56 | 空腹 | 81 | 鷲 |
| 7 | 傘 | 32 | テスト | 57 | カラオケ | 82 | 紫色 |
| 8 | 怒鳴る | 33 | 毛虫 | 58 | 蛙 | 83 | 水着 |
| 9 | 地下鉄 | 34 | 雪 | 59 | 汚職 | 84 | 犬 |
| 10 | カラス | 35 | 嘘を言う | 60 | ネクタイ | 85 | 緑色 |
| 11 | ラグビー | 36 | 汽車 | 61 | 赤い | 86 | 赤ちゃん |
| 12 | 医者 | 37 | 道 | 62 | パーティ | 87 | 車 |
| 13 | 時計 | 38 | 怒る | 63 | 天国 | 88 | ピアス |
| 14 | キス | 39 | バラ | 64 | 小川 | 89 | 美人 |
| 15 | テレビ | 40 | 定期券 | 65 | 結婚式 | 90 | 山 |
| 16 | 靴 | 41 | 兄弟 | 66 | トンボ | 91 | 政治家 |
| 17 | 泥棒 | 42 | 星 | 67 | 文字 | 92 | いじめる |
| 18 | 鳩 | 43 | 血液型 | 68 | 口紅 | 93 | 大根 |
| 19 | 教える | 44 | 恥をかく | 69 | 黒い | 94 | 猫 |
| 20 | 父親 | 45 | バス | 70 | 海 | 95 | 花嫁 |
| 21 | 菊 | 46 | 百合 | 71 | 軽蔑する | 96 | 甘い |
| 22 | ケーキ | 47 | 母親 | 72 | マラソン | 97 | 鬼 |
| 23 | 蛇 | 48 | 黒板 | 73 | 太陽 | 98 | お見合い |
| 24 | 雨 | 49 | 神様 | 74 | ディスコ | 99 | セロリ |
| 25 | ハンカチ | 50 | お金持ち | 75 | 眼鏡 | 100 | 夕焼け |

（林　道義作）

「飛ぶ」とか「羽」という言葉が浮かんでこないで、そのときの感情を表わす「こわい」という言葉が出てしまったのである。

これは一番単純な例であるが、こうした反応のみだれには、このような反応時間の遅れや、あまりに突拍子もない反応語が出てくるほかに、反応語が思いつけないとか、刺激語をそのままくり返すとか、二度目の検査のとき前の反応語を忘れるとか、いろいろな現象が見られる。こういうみだれは、その人がすばやく連想しようと意識的に構えているにもかかわらず生ずるものであるから、われわれ人間には自分で意識的にやろうとしていることを妨害するような心の働きが、自分では知らないのに存在すると考えざるをえないわけである。

ユングはこの実験を続けていくうちに、どうやら、みだれを生ずるいくつかの言葉はその人の心の中で全部関係をもっており、その中心には何らかの感情があることに気づいていった。つまり、たとえば「こわい」という感情を中心にして、父だとか馬だとか死だとか、その人にとって「こわい」ものが星座のように配置されており、そこを刺激されるとこの人は異常な反応を起こすわけである。これらの物はこの人にとって単なる物ではなく、感情に色づけされた心的な内容になっており、一つの塊となっていると考えられる。そこでユングはこの特別の配置をもった心の中の塊をコンプレックスと名づけた。今日誰でも使うこの言葉はユングが使い出したものなのである。

ところでコンプレックスというのは、どうしてそんな塊となって心の中に潜んでいるかというと、その内容となっている感情や願いが、世間から悪いことだと思われており、本人もそれに従って知らず識らずのうちに抑圧して、意識の次元から追い出してしまっているからであると考えられる。そのためにコンプレックスの内容はたいていは、その時代のその社会では道徳的によくないとされていることで、それを何らかの形で個人が体験したことと関係をもっているわけである。たとえば性に関することが強く禁止されている社会では、性的なことがコンプレックスとなっているし、権力欲が悪いとされるキリスト教徒の中では権力衝動がコンプレックスとなっているといった具合である。

**「よい子」コンプレックス**

コンプレックスについて述べ始めるときりがないので、ここでは無意識というものが実際に存在していることを証明することが目的であるから、くわしい説明は他の解説書にゆずることにして、このごろの若い人によくある簡単な例を示すことにしよう。人間は誰でも青年期に親から独立をしなければならない。この独立というのは、自分で稼ぐとか、自分の家をもって親と別に住むとかいう物理的なことではなくて、心理的に独立するということである。ところで、心理的に独立することを、人間は意識的に自分の努力でやるのかと言うと、どうもそうばかりではないようである。我々は誰もが多かれ少なかれ経験しているように、思春期のある時期に父親なり母親が急にうとましくなり、その一挙手一投足がいやらしいとか汚ならしいと感じたり、うるさい存在だと思えてならない時期を体験する。しかし、しばらくたつと、まるでウソのように、また父や母に愛着を感じ、そんなに悪い人ではなかったんだと安心したりする。これは人が親から心理的に独立しやすいための自然の摂理であり、本能の妙であり、この感情によって子供が親から離れていきやすくなっているのである。これが動物だと、このメカニズムはもっと直截であって、たとえばカワウソは、子供が一人立ちして生きていかれる時期になると、親が子供に猛然と噛みついて、ひどい攻撃をしかけ、子供は仕方なしに逃げていき、一人ぼっちになって、同じようにして追い出されてきた異性と一緒になるのである。人間の場合は、子供の方に反抗的な心理が出てきて、それによって独立していくわけである。

ところが子供の反抗や攻撃をひどく悪いものと世間や親自身が考えていると、どうなるであろうか。子供はつねに「よい子」で「親孝行」であることを強いられて、反抗心は無意識の中に抑圧されて、少なくとも親に対しては発動されなくなってしまう。しかしそのエネルギーは非常に強いので、別の対象を見い出して、異常な攻撃性を発揮することになる。その対象が友人であったり、学校の先生や会社の上司であったりして、この人の正常な社会生活がおびやかされることにさえなりかねない。親というのはいつでも、どういうわけか子供に「よい子」で「親孝行」であることを強く要求する傾向があるので、若者たちの無意識の中に異常な攻撃性を蓄積させることになりかねないのである。

さて、このようにコンプレックスというのは、まわりから悪いとされている内容のことが多く、そのためにその人の正常な社会生活を妨害するような形で現われることが多いが、しかし無意識の心の働きは、そうした妨害的で、歓迎されざる客のようなものばかりとは限らない。反対にすばらしいヒントや知恵を与えてくれる場合もありうる。たとえばインスピレーションと言われるものがそれである。インスピレーションは思いもかけないよい考えを与えてくれるが、これは一体どこから来るのであろうか。

**ケプラーのインスピレーション**

ドイツ語ではインスピレーションのことをEinfall《アインファル》と言うが、これは「落ちかかる」「襲来する」「侵入する」という語意から来たもので、どうやら外から来たものというニュアンスがあり、その背後には神から来たものという意味がこめられているようである。このように神から来るものは外から来るのだと考えるのは、キリスト教の正統派では神は人間の外（天上）にあると考えるからであるが、いまもし仮に神が存在すると考えたとしても、神が与える着想は外から来ると考える必要はないわけである。我々人間の心の中に神がはじめから与えてくれていたのだと考えることも可能である。つまり我々には意識されていなかったが確かに存在していたものが、何かのきっかけで急に意識に上ってきたものと考えることもできる。深層心理学ではインスピレーションとか、直観というものを、この後者のように考えるのである。

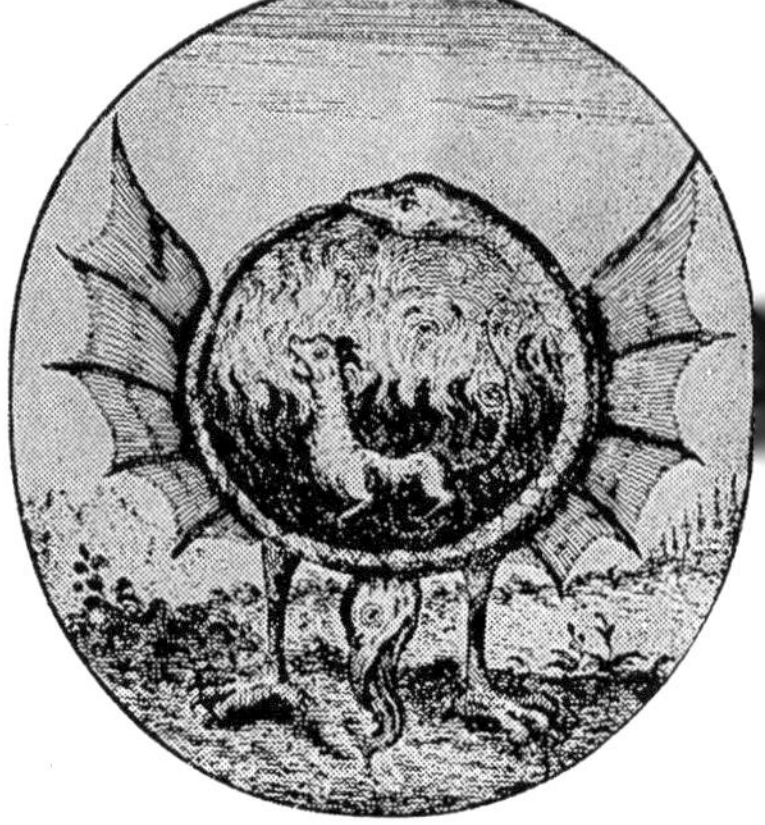

ウロボロス

直観的なヒラメキといわれる心の働きが、生まれつき備わっているものなのか、それとも後天的に経験の中で出来上がっていくものなのかというと、どうも二種類があるように思える。生得的である例として、ケプラーが惑星の楕円軌道を発見したときのエピソードをあげることができる。彼ははじめから惑星の軌道は太陽を中心にした円であると見当をつけていた、というより円でなければならないと思いこんでいたらしいが、この円というイメージや太陽が世界の中心であるというイメージは、あとでくわしく述べるように、どうやら人類に普遍的なもののようである。もちろんケプラーの場合、キリスト教的にこの世界は神の創造したものだから完全である、だから円にちがいないと考えたわけであるが、しかし完全なものが円としてイメージされるというのは何もキリスト教に限ったことではなくて、広く世界中に見られることなのである。同じようなことはケキュレがベンゼンの分子式を発見したときにも言えるが、彼は夢に蛇が自分の尻尾を嚙んで丸くなっているイメージを見て、そこからヒントを得て「閉じられた円」＝六角形の分子構造を思いついたのである。この蛇が丸くなって尻尾を嚙んでいる図は古来ウロボロスと呼ばれて、神秘主義者などに親しまれてきた普遍的なイメージである。

ところで、直観的なヒラメキがこのように先天的なところから来るものばかりとはかぎらず、後天的な判断から来る場合もあると思われる。というのは我々は実生活の中で自分では意識しないで、いろいろな判断をしていて、それが心の中に貯蔵されているが、あるときそれらの個々の判断が無意識の中で組み合わされて、思いもよらない新しい着想として出てくるということもありうるであろう。新しい着想が昼間一生懸命考えても浮かばないのに、夜眠ろうとしているときとか、目覚めそうでまだもうろうとしているときなどに現われるのは、意識の力が弱まったときの方が無意識が現われやすいことを示しているものと思われる。たとえば湯川博士が若いころは、夜中に目が覚めたときに限ってよい着想が湧くので、電気をパッとつけて、ゴソゴソ起き出して、書きつけておく、すると赤ちゃんが泣くので奥さんが抱いて外に連れ出したものだと、どこかで奥さんが書いていたが、インスピレーションも夢と同じで、夜中の方が活動しやすいものなのであろう。どうも無意識は暗闇の方が好きなようである。

## 無意識は人を動かす

無意識というものは本当に存在し、働いているものだということを述べてきたが、しかし無意識はただ存在していて、着想やヒントを送ってくるだけではない。すごい力をもっていて、その持主である人間を動かすのである。まさに主客転倒であるが、こういう現象は見る目をもって見れば、この世にいくらも転がっている。一番わかりやすい例は夢遊病といわれるものである。これなどは本人は全く知らないのに、夜中に急に起き出して、バケツに水をくんで外に出て行くので、何をするのかと見ていると、お花に水をやって、帰ってくるとバタンと寝てしまい、翌朝起きてから何も覚えていないというありさまである。こういうとき、「水などもって、どうするのよ」と無理にひきとめようとしても、ものすごい力で、とてもとめられるものではない。無意識の力のすごさを思い知らされてしまうだけである。

次に、ほんとうに無意識は人を動かすという感じのする例を、ユングが扱っている事例の中から紹介してみよう。ある女性はノイローゼにかかって苦しんでいたが、それがきまって夜中に発作を起こす。夫をはじめ、まわりの人は心配して大さわぎをし、医者を呼んだり、てんてこまいをする。このケースに対して、フロイトとA・アドラーとは全く異なる解釈をするが、ここではアドラーの説を紹介しよう。アドラーはこの女性の無意識の中には、他人を支配したいという衝動があって、その衝動が発作を起こさせるのだと解釈した。発作が起こると、夫をはじめまわりの人があわてふためいて、この女性を中心にして動きまわり、この人に関心が集中し、この人は支配欲を満足させることができるというわけである。もちろんこの人は意識の次元では、まわりの人を夜中に起こして迷惑をかけて悪いと思っており、また一日も早くノイローゼの苦しみから逃れたいと思っているのであるが、無意識の衝動によって動かされ、またまわりの人々もそれによって振りまわされてしまうのである。この女性を動かしているものが権力意志であるというアドラーの解釈が絶対に正しいとはかぎらず、フロイトの言うようにそれは性的な葛藤であるかもしれないが、しかしとにかく何かが無意識の中にあって、意識的には欲していない方向に人間を導いていってしまうのである。まったく無意識というのは恐ろしいものである。

無意識が人を動かす最も恐ろしい例をもう一つあげてみよう。毎年、日教組大会の時期になると、右翼が宣伝カーをくり出して押しかけ、ボリュームを一杯にあげてがなりたて、発煙筒をたいたり、ときには暴力をふるったりする。右翼といわれる人たちは、なぜあんなに日教組を目の敵《かたき》にするのであろうか。彼らの言い分によると、日教組はアカであり、教育を毒し、将来の国民を毒し、したがって国を危うくするものだと言うのであるが、公平に見て日教組だけが教育を害しているわけでもなく、また国を危うくしているものは、汚職政治家や悪徳商社や、他に一杯いるのに、なぜ日教組だけを悪者として特別に攻撃するのであろうか。

もともと人間の心の中には「素朴な正義感」というものがあって、人間は猛獣や他部族の敵と闘うときは、ただ冷静に「自分の生存に都合の悪いものとは闘わざるをえない」と判断して闘うわけではなく、自分を正しい者、相手を悪者と思って闘うわけである。この「素朴な正義感」によって、人間はハムレットのように迷うことなく、安心して生存のための闘いを遂行してこられたわけである。したがってこの正義感にはつねに暴力が伴っている。人間が暴力をふるうときには、必ず相手を悪者とみなす心理が働いていると言うことができる。このごろの小学生や中学生が級友に暴力をふるう例でも、彼らは自分勝手な論理ながら、必ず何らかの相手を悪者とみなす言い分をもっているものである。

この「素朴な正義感」は、文明の発達していない原始的で自然な状態では生存に必要でこそあれ、あまり害というものは考えられない。ところが文明が発達し、複雑な社会になってくると、誰が善い人で、誰が悪者なのか、簡単には見分けられなくなってきている。いや誰それが悪いということでは、社会的な矛盾や悪は解決できないのであって、『資本論』のような複雑でむずかしい分析や論証が必要になってくる。とても「素朴な正義感」の手には負えなくなってくる。しかしこの正義感は理性的なものではなく、むしろ本能的なものであるから、手に負えないからやめましょうというわけにはいかない。ともかくどこかに「敵」を見い出して攻撃したいのである。一番悪者としやすい対象を見つけ出して、そこへ向かって発動されることになる。日教組とは学校の先生であるから、子供に影響力をもっている、その先生たちが共産主義という「危険思想」をもっている、これは日本の将来にとってゆゆしき一大事だとなると、「悪者」というイメージの投影を一番うけやすいのである。

このような現象の最も大規模であったのがナチス運動である。ユングはナチス運動は北欧神話の神オーディン（ヴォータン）が荒れ狂ったのだという意味のことを言っている。オーディンは暴力の神（暴風の神、狩猟の神）であり、これは人間の心の中にある、暴力的な性質が人格化されたものであるが、これと同じ性質の心理が、ドイツ国民を嵐のようにとらえ、それがドイツ国民をあのような狂気の行動に駆り立てたのだと言うわけである。ヨーロッパ・キリスト教世界が暴力の問題を、ただ悪として無意識の中へ追放してしまったために、「悪」が無意識的な自律的な力となって、人人を動かしてしまったというのである。もちろんナチス運動が、単に心理的な原因だけで生じたなどというのではない。そこには歴史的・社会的条件が存在していたが、また単に社会的要件だけでは、それは政治的運動にはなっても、心理的なものが働かないではあれほどの狂気の如き暴力運動とはならなかったであろう。ナチスの解明には社会経済史的な外的条件と、内的・心理的な要素との、両面からのアプローチが必要である。

## 層をなす心の構造

少し話が脇道へそれてしまったので、この辺で話を無意識そのものへ戻すことにしよう。一口に無意識といっても、いろいろな種類があることは当然考えられるが、この種類をその深さによって、言いかえれば意識からどのくらい遠いかによって、分けることができる。意識から遠いか近いかによって無意識の性質やあり方が相当にちがってくるので、この分け方はたいへん重要なものである。このことを考えるために、ユングが自分にとって重要であったと言っている彼の夢を紹介しよう。

ユングは夢の中で知らない家の中にいたが、それは「私の家」であった。彼ははじめ二階にいたが、広間には「ロココ様式のきれいな古い家具が備えつけられ」ており、「壁にはきれいな古い絵がたくさんかかっていた」。彼は「悪くないな」と思ったが、階下がどうなっているか知りたいと思って降りていくと、そこにはもっと古いものが揃っていて、十五、六世紀ごろの時代らしかった。家具は中世風で、床は赤い煉瓦張りであった。そのうち重いドアの向こうに、地下室に通じる石の階段を見つけて降りていくと、そこはローマ時代の壁でできており、床は石板であった。その石板の一つに輪がついていて、それを引っ張ると、そこにまたもやもっと深いところへ降りていく石の梯子段があり、それを降りていくと岩の中の洞穴へ入っていった。床にはひどい埃がたまっており、ばらばらになった骨や陶器類が散らばっており、人間の頭蓋骨も二つみつけた。

この夢をユングは人間の心の構造を示すものと考えてみた。つまりユング個人の心の問題を示すというよりも、誰の心にも共通なものを表わしていると感じ、そう思ったとたんに「ぴたっときた」と感じたそうである。つまり人間の心の中には、一番古い、石器時代かそれより古いころの意識が経験したことから始まって、それから古代や中世の意識の状態などが、だんだん無意識の中に沈みこんで、層をなして堆積しているというのである。別の言い方をすれば、人類の意識の発達の系統発生の歴史が、それぞれの個人の心の層構造を形づくっているとも言えるであろう。ちょうど山はだに現われた断層を見るような具合である。

比喩的な言い方をはなれて、実際に心の構造を調べてみよう。意識に最も近いところにある無意識は、無意識といえないほどのもので、せいぜい半意識といったものである。貧乏ゆすりなどのクセは、本人は無意識であるが、人に言われれば、すぐ意識化される。自分でハッと気づくことさえある。それよりもっと深くなると、ユングが「個人的無意識」と名づけたものが現われる。これは個人が生まれてからこのかた、いろいろ体験した心的内容が、忘れられたり、あるいは道徳的な理由で抑圧されたりして、意識から遠ざけられ、沈澱したものである。この中にはフロイトのいわゆる「幼児期の性体験」も入るし、またニーチェのルサンチマンもこの一種である。ルサンチマンというのは、弱い者が虐げられたり、くやしい思いをしたことが、そのときは相手が強いので我慢させられ、抑圧されて、のちに復讐の怨念となって、関係のない人々に向けられたり、一見理想主義的な主義やスローガンになって現われてくるものである。これらの無意識は、一度爆発したが、今は一見活動していないように見える休火山のようなもので、その山腹の中にはすごいエネルギーが隠されていて、ときどきドカーンと噴出してきて、皆を驚かすのである。

さて、ユングの独創的なところは、これらよりも、もっと深い無意識を発見したことである。その深い無意識というのは、個々人が体験するより以前に、すでに生まれたときに持っている無意識である。ユングは人間の心というものは、生まれたときに白紙になっていて、そこに体験されたものが書き込まれていくというようなものではないと主張した。もちろん体験によって豊富になり、微妙なヒダができ、枝葉が繁っていくのであるが、その前にもともと備わっている内容があって、それによって体験のあり方もきめられてくるというのである。身体やその働きにたとえていうと、本能的な機能がもとにあり、それに学習や訓練が加わって、あの体操のウルトラCのような演技もできるようになるというわけである。

## 普遍的無意識

ユングはこの生得的な無意識を「普遍的無意識」と名づけた。それは人類に普遍的に誰の心の中にも、だいたい同じように存在しているという意味である。彼はこれを多年草の地下茎にたとえて、そこから毎年生えてくる草花を個々の人間(の意識)にたとえている。さきほどの溶岩の例でいえば、この無意識は地球の奥深くにあるマグマにたとえることもできるであろう。

マグマはきまった形をもたないが、普遍的無意識には、どうやらその場面に応じた型というか、内容があるらしい。ちょうど本能と呼ばれるものが、じつは個々の、たとえば育児本能、生殖本能、造巣本能、闘争本能等々から成り立っているように、この無意識が働くときも、その場面に応じて作用がきまっているようである。たとえば私たちは「母」ときくと、なんとなく温いやさしい感じをもつが、これは現実の母の体験がなくても起こってくる感情である。生まれてすぐ母を失った人は必ず「やさしい母」のイメージを瞼《まぶた》に描いているものである。これは別に人から「お母さんというものはやさしいものですよ」と教わったからではなくて、自然にいつの間にか、そのようなイメージをもっているのである。人間には「やさしい母なるもの」とか、「厳しい父なるもの」といったイメージが生まれながらに備わっているらしい。

このようなイメージの例として、さきほどあげた「悪者」のイメージをあげることもできる。この「悪者」と「母」が結びついた、「まま母」という「恐ろしい母」のイメージは人類に広く見られ、よくメルヘン（お伽噺）の中に出て来るものである。そのほか太陽を見て、馬車を駆る英雄神の姿を思いうかべて、太陽を男性的な神と見たり、森の中の老木に悪魔の顔を見たりすることは、世界中の人間に共通の体験であった。そしてこのようなイメージを物語にしたのが神話とかメルヘンである。古今東西のお伽噺に同じパターンが多いのは、この普遍的無意識の働きのせいであるとユングは考えた。

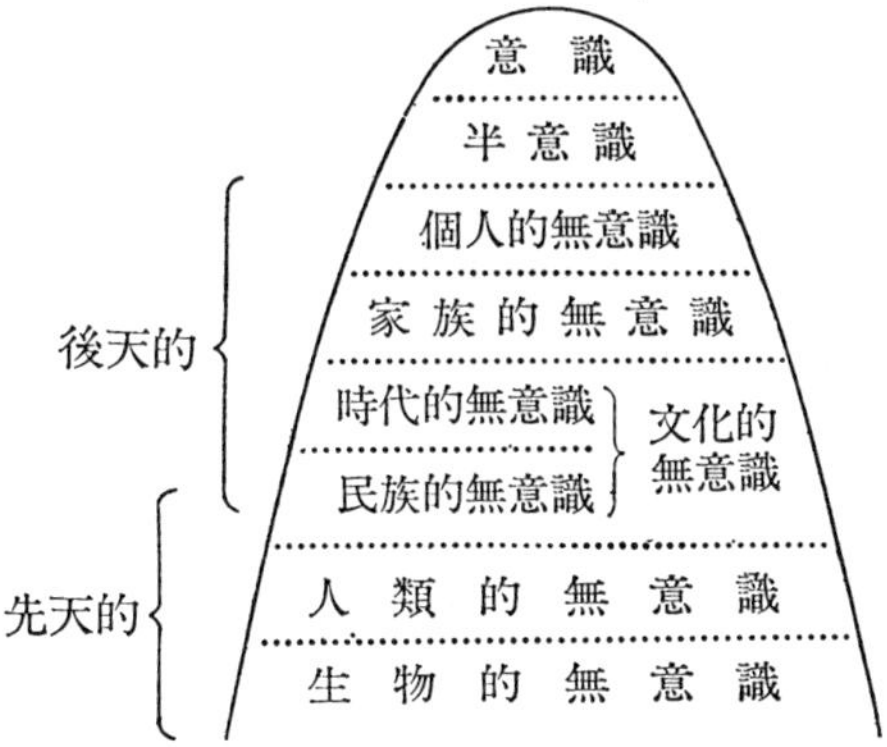


**ユングの説をもとに筆者が考えた心の層構造**

この無意識は個々人の体験から作られたものではなく、逆にむしろ個々人の体験の方向や、パターンを、もちろん大雑把にであるが、決めてしまうのである。「やさしい母」とか「かわいい子」というイメージが母と子の親密な関係をきめてしまう。そのとき、実際の母や子がこのイメージに合わないときは、その人の心に葛藤をひきおこすことになる。悩みという体験さえも、このイメージとのくいちがいということがなければ起こらない。そして世界史の中の多くの宗教的体験も「悪」とか「賢者＝救済者＝神」というイメージを中心に成立してきたといえる。あるいは恋愛という現象も、男性の心の中にすばらしい女性のイメージがあり、女性の心の中にすてきな男性についてのイメージがあって、そのイメージを通して相手を見るために起こるのである。人間の体験の性質をきめる上で生得的なイメージがはたす役割は、このように非常に大きいと言わなければならない。

## 祖先の体験が生んだもの

いまこの生得的な無意識は個々人の体験とは無関係に、すでに存在していると述べたが、それではそれはどのようにして出来上がったのであろうか。ユングによれば、この生得的なイメージは、長い間に人類が体験した心的内容が形になったものである。たとえば太陽が昇る景色は誰の心にも感動をひきおこすものであるが、そうした感動がつもりつもって、やがて人類の心に、昇る朝日を見ると神的な感動をおぼえ、そこに神の存在を感ずるような性質をもたせてしまったというのである。つまり人類が何億、何兆回、いや数えきれないほど何回も繰り返してきた典型的な体験は、いつの間にか遺伝子の中に組み込まれてしまい、自動的な無意識的な働きとなってしまっているというのである。それゆえ、あるパターンの場面に出会うと、だいたい同じパターンの反応が現われることになるが、このことに注目して、ユングはそれは心の中に反応の型があらかじめ出来上がっているからだと考えて、その型を「元型《げんけい》」と名づけた。この元型は、それが成立したときと同じ状況に出会うと、そのときと同じ反応をするというわけである。

ところで、この元型についての説に対して、大きな誤解があるので、ここで是非それを正しておきたいと思う。ユングが元型を人類の長い経験によって出来上がったと考えるのを、ラマルク主義だと批判する人々がいる。ラマルク説というのは、人間が経験的に獲得した形質が次の世代に遺伝し、そのようにして生物が進化してきたというものである。しかし、私たち日本人がどんなに毎日太陽のもとで肌を真黒に焼いても、生まれてくる子供はやっぱり黒人にはならなくて、ほぼ白い色をしている。また私がどんなに山野をかけめぐって、足の裏を厚くしても、私の子供は柔い足をして生まれてくるであろう。このように、親が後天的に獲得した形質は直接には子供に遺伝しないことがわかって、ラマルク説は科学的に事実と合わないとされている。このラマルク説とユングの考え方が同じということは、ユングの説が非科学的だということになりかねない。

しかしユングが言っていることは、親の経験が子供にすぐ遺伝するというような、安易なことではない。生物の進化がどのようにして起こったかは、まだ科学的に明らかになっていないが、少なくとも突然変異と自然淘汰によるという簡単なことで進化が起こるのでないことはわかってきている。生物は環境世界との間にいろいろな経験をするが、その大量的平均的な経験が、何らかの仕組みで遺伝子のプログラムの中に入りこむということがなければならないのである。その仕組みはまだ十分にはわかっていないが、有力な仮説は立てられている。その具体的なことはここでは述べられないが、とにかく、ユングは種の大量的経験が何らかの仕組みで遺伝子の中に組み込まれるのだという見方に立っているのである。それはダーウィニズムとかラマルキズムとかいう個々の学説に関わることではなく、もっと一般的に進化（遺伝子化）が生物の日常的経験との密接な関連の中で進んできたはずであるという見方に立っている。そのようにしていろいろな元型も生まれたのだと言っているのである。

## 元型は文化を生み出す

元型は感動をひきおこす典型的な体験が遺伝子化されたもので、それゆえ同じ状況に出会うと同じ感動を再現すると述べたが、この元型はとくに具体的状況に出会わなくても、ひとりでに動き出すことがある。勝手に動き出してイメージを送ってくるのであるが、それに溺れ、心を乗っとられてしまうと、分裂病などの精神病になりかねない。しかし、それを意識の方でしっかりとつかまえて、形を与えてやると、すばらしい文芸、芸術、思想などが生まれることになる。自然科学史上の大発見もしばしばこの元型的イメージに導かれて成功したことは、ケプラーやケキュレの例で述べたとおりであるが、世界中の神話やメルヘンも元型的テーマによって成り立っていると言える。最も典型的なテーマは、英雄が誕生にさいして殺されそうになるが、うまく生きのびて、その後成人として竜と闘い、これを倒して宝物を奪うとか、お姫様を救い出して結婚するという筋書であるが、これは世界中のいたるところに見られ、日本でもヤマタノオロチを退治するスサノオノミコトの話として現われている。神話や昔話の中にとくに元型的テーマが多いのは、多くの人々に語りつがれていく間に、細部がけずりとられ、多くの人の心に共通の感動をもたらす元型的なテーマだけが生き残ってきたためと考えられる。

このことに関連して、ここでとくに注意しておきたいことは、元型的テーマの伝播という問題である。かつて神話学者の間で、ギリシャと沖縄のように非常にはなれた場所に、あまりに似たテーマを示す神話や昔話が発見されたとき、それが各々独立に成立したものか、それとも伝播したものかという論争が行なわれたことがある。この論争はまだ結着がついていないと言えるが、いずれが正しいかは別として、ここで問題にしたいのは、独立に成立したとなるとそれは元型的な(人類に普遍的な)心的イメージの存在を証明するものであるが、伝播したとなると元型の存在を否定するものであるかのように理解されていることである。しかしよく考えてみると、あるテーマが何世紀もかかって地球を半周するほど語りつがれていったということは、そのテーマがよほど人々の心に訴えるものを持っていたからであり、むしろそれが人類に普遍的な元型のパターンにマッチしていたことを証明するものである。あるモチーフがその地方で何千年も語りつがれることと、場所的に次第に移動しながら語りつがれることでは、元型の存在ということに関しては何らのちがいもないのである。

少し横道にそれてしまったが、ここで話を戻して、ユングがあげている元型的イメージの例を一つ紹介してみようと思う。ユングは美術や音楽があまり得意でなく、その方面からほとんど例を引いていないが、文学は好きでいろいろ読んでいたらしく、元型的テーマの出ている作品を多く紹介している。なかでもダンテの『神曲』とゲーテの『ファウスト』、それにニーチェの『ツァラトゥストラ』は大好きで、とくに後者の二つの作品については、どの論文にも必ず引き合いに出すほどである。ここではゲーテの『ファウスト』についてのユングの見方がおもしろいので簡単に紹介してみよう。（ニーチェについては拙著『ツァラトゥストラの深層』朝日出版社、を読んで頂きたい）。

## 『ファウスト』第二部

彼は『ファウスト』の第一部と第二部がまるで感じがちがうことにまず注目する。第一部では、ファウストがメフィストフェレスの助けを借りてグレートヒェンと恋をし、身ごもった彼女を捨てて、ワルプルギスの魔女の集会にいって、うつつをぬかしている。その間に、グレートヒェンは私生児を生んで、世間の非難に耐え切れず、その子を川に流して殺してしまい、罪に問われて牢屋に入れられ、ついに獄死してしまう。ファウストはたいへんな罪を犯してしまうわけである。ところがこの第一部を批評して、ユングはこう言っている。これはゲーテが意図的に筋立てを考え、構想を練って整然と書いたものであり、作者の意図が明瞭に作品に反映している。内容も、世界中の刑事法廷で何万回となく繰り返されてきたものであって、ありふれたものにすぎない、と。

このような言い方をされると、とくに若い人たちは相当に反発を感ずるかもしれない。二人の恋の場面、とくに糸車の歌などは、それは美しいものであるし、グレートヒェンの悲劇やファウストの罪を犯す経緯やそれを後悔するくだりも、それぞれに感動をさそうものである。それを一言で「ありふれている」と片づけられたのでは、少し言いすぎではないか、ひょっとするとユングは文学を鑑賞する感受性をもっていないのではないかと思われるかもしれない。しかしユングの気持になって考えてみると、一つには彼は第二部が深層心理学的にみて、すごいのだという気持があり、それを目立たせるために、極端な言い方になっているということがあろう。それから第二に、男に捨てられて、子供を殺して牢屋に入れられるなどということは、若い人にはショックでも、人生経験の豊富な人から見ると、そんなに珍らしくもないということになるのである。要するにユングは第二部がすごいのだと言いたいわけである。

ユングは第二部が筋立ての上でまるで筋が通っていなくて、はっきり言うと目茶苦茶であることに注目する。ファウストはヘレナを探しに地下の「母たちの国」へ降りていき、そこからヘレナをつれてくる。そのうちトキの声がして大軍勢が攻めてくる。ヘレナが「何とかしてくださいな」と言うと、ファウストは「なあに、あれは幻だから、ほんとうは攻めて来ないのさ」と平然としている。まるで私たちの夢の中の出来事のようである。そのうちファウストは大帝国の宰相になり、善政のつもりで干拓の大事業をして、その最中に、その邪魔になるピレモンとバウチスという敬虔な老夫婦を焼き殺してしまう。ファウストは神から大いに罰せられることが予想されるのであるが、案に相違して、彼は「永遠に女性的なるもの」に導かれて天上に昇っていってしまう。恐らく天上で男性的と女性的の二つの原理が結合し、彼は幸せになるのであろう。

このように第二部には、筋もなにもなくて、ただいくつかの夢の内容が並べられているようなものである。しかしその一つ一つはよく味わうと、人類に普遍的な元型的なものであり、その元型的なイメージが湧き上がってきて、ゲーテはただその力の道具となってペンを走らせただけのようにさえ感じられる、とユングは言うのである。永遠の恋人を探し求めていくというテーマ、政治的支配者となるイメージ、敬虔な老夫婦のイメージ、そして最後に男性的なものと女性的なものとの宥和・結合のテーマ、どれをとっても元型的なイメージである。要するに彼は元型のイメージ形成力こそが『ファウスト』第二部を創造したと言いたいのである。同じようにニーチェの『ツァラトゥストラ』もダンテの『神曲』も、イプセンの『海から来た男』も、ホフマンの『黄金の壺』も、その他多くの作品がそのようにして作られたというのである。なるほど、そう言われてみると、これらの作品は筋の展開を辿って読もうとしても、何がなにやらわからないが、人間に普遍的なイメージが現われたものとしてみると、よく理解できるような気がするのである。

## イメージはただの幻か

さて、以上で、夢とか空想が遠い人類の歴史と深い関係をもっており、偶然浮かんできたアワのようなものではないことがわかってきたと思う。芸術や文学の作品などで、何のことやらわからない奇妙なイメージが表現されているのも、単に偶発的に、たまたま一人の天才の頭に浮かんだ孤独なものではなくて、広く人間に共通のイメージだからこそ、その作品が人々の感動をさそうのである。つまりイメージは確かな現実的基盤をもっており、現実の世界と密接な関係をもっているのである。

ところがイメージを、現実とは何の関係もないただの幻のように考えて、この幻想をなくしてしまったり、それから「目覚める」ことが必要だと考えている人たちがいる。その典型は科学者である。自然科学ばかりか、今日ではほとんどあらゆる学問が、イメージを悪と見なすようになってしまっている。それにはもちろん理由があるわけで、近代の理性的な啓蒙の時代には迷信とか魔法を非現実的なものとして排斥することによって科学が成立してきた。ところが迷信や魔法はどのようにして生まれたかというと、人間のイメージどおりのものが実際に存在すると思いこんだからである。イメージというものは、あくまで現実のものの写しであるから、それは現実世界には存在しないのに、それを実体化して、本当にいると思いこんだために迷信や魔法が生まれたわけである。しかし科学的に見ると、そのようなものは外界には存在しないことになるので、ひいては心の中のイメージそのものまでも、軽蔑されることになってしまったのである。

イメージが現実からズレているから、望ましくないと考えたのがフロイトである。それは幻想であり、ひいては妄想であり、それを払いのけて現実をそのままで見ることができないといけないというわけである。しかし、イメージはたしかに現実とズレているが、ズレているというのは、間違って写しているということにはならないであろう。イメージは現実を非常にあいまいにして写しとっているし、その意味でたしかに不正確である。しかしそのような抽象化した形で、案外忠実に世界のあり方を写しとっているのではないであろうか。むしろ私たちのイメージの不正確さぐらいが、私たち人間が生きていくためにはちょうどよいのかもしれない。人間はアバタをエクボと思い、月にはウサギが住んでいると思って暮していても、何のさしさわりもないどころか、その方がむしろ幸せであるのかもしれないのである。それをエクボでなくアバタであると暴露し、月にはウサギなどいなくて、ただの岩と砂原だけだということを見せて、「イメージの間違い」をあばいてみても、何の利益もないであろう。むしろイメージこそ私たちが生きていく上で大切なものであり、このイメージに媒介されて生を営んでいるのであるから、それをいたずらに貶《おとし》めるようなことをしないで、大切に育てていかなければいけないのではないであろうか。ユングという人は、現代文明の科学主義や合理主義が軽蔑したイメージの大切さをもう一度見直し、その背後にある普遍的無意識の研究に一生をささげた人であった。

これから彼の人となり、そしてどのような人生を歩みながらいかなる思想を作り上げていったのかを見ていきたいと思うが、その前に彼が人間の「こころ」を扱う場合に、どのような方法をとったかについて、一言だけことわっておきたいと思う。

## 観察という方法

ユングが人間の心を研究するために使った方法は一言で言えば観察という方法である。そう言うと「なあんだ」と思う人がいるかもしれないが、しかし「なあんだ」と思った人は反省が必要である。科学が発達したこのごろでは、多くの人が、観察という方法は初歩的で、程度が低い方法であり、分解や解剖をしてみたり、実験をする方法の方が高度で精密な方法であると考えがちである。しかし観察がやさしいとか、たいしたことしか知ることができないというのは間違いであり、実験や分解がより多くのことを知らせてくれるとはかぎらない。どちらが高度であるとか、より役に立つとかいうのでなく、それぞれの長所を知って使いこなすことが必要である。実験や分解は、人間がここを知りたいと思うことを、的確に精密に教えてくれる。それに対して物ごとの全体的な関連を知ろうとする場合には、観察という方法が是非とも必要になってくる。その上、観察の利点は、人間が手を加えないで、自然のままの姿を知ることができ、また予想もしていなかった新事実を発見できることである。

このような観察の利点をフルに活用しているのが、コンラート＝ローレンツをはじめとする動物行動学者たちである。動物の行動を知るためには、一つ一つ切りはなして実験するという方法よりも、自然のままの姿を、全体的関連の中で素直に見ていく方がよいのである。たとえばカエルについて知りたいと思うとき、精密さを重んずる人はすぐ解剖したがるものであるが、しかしカエルがどんな条件の中で生きており、どんな行動様式をもっているかという、カエルの生の全体を理解しようとしたら、自然のままの姿をじっと観察するのが一番よい方法である。ところが日本の学校教育は西洋の「力づくで知る」という考え方を受け入れてしまったために、必ずカエルの解剖をやらせるが、生きているものをメスで切り開いて見るのが科学する心だなどというのは、とんでもない間違いだと言わなければならない。そんな残酷なことをしなくても、科学は充分成り立つし、少なくとも科学する心を教えることはできるはずである。

同じように、人間の心というのは、その性質上、観察という方法が最も適しているのである。たしかに人間の心を対象にして、実験を使って解明しようという人々もいる。その人々によれば、人間の心は直接に見ることはできないので、行動に現われたときにしかわからない、だから行動を調べたり、実験したりして数量的に表わされるデータだけが科学的である、ということになる。しかし、この人々は、数量で表わされる精密な結果だけが科学的だという、あまりに狭い考え方に立っている。しかし真の科学とは、対象についての真実に迫っていくものであるから、いかに精密をほこっても、それが対象のほんの一部についてしか知ることができないのでは、たいした価値はないわけである。それに対して、精密ということはある程度犠牲にしても、全体として、そのものの真理と真実に迫っていくことができる方法があれば、それはすばらしい方法だということができる。

ところで、人間の心というのは、分解したり解剖したりできないものであり、数量的処理に最も適していないものである。そうした方法ではわずかのことしか知ることができないのが、心というものである。ネズミの行動をいくらくわしく調べても、人間の心についてはごくわずかのことしかわからないのは、そのためである。しかし人間の心を全体として理解する方法があれば、それは精密ではないけれども、じかに精密に写真にとったり、解剖してみてもわからないすばらしい真理を人間について教えてくれるようなものとなるであろう。人間の心を対象にするかぎり、やはり外からの調査には限界があるので、内面を観察するという方法によらなければならないのであるが、この「内観」という方法には、どうしても「感ずる」という心の機能を参加させる必要が出てくる。論理的思考だけでなく、感情とか感覚とか、直観という機能もともに働かせていかなければならない。これは従来の近代科学とは別種の学問、あるいは別の知の構えとなるであろう。この新しい知のあり方は、観察ということを基礎にしながら、これまで学問から公式には排除されていた「感ずる」という機能をも含ませつつ、洗練させていくことができるはずである。ユングこそは、人間の心を探求しながら、この新しい知のあり方を発展させていった人なのである。

## 二　ユングの人となり――両面性

ある人の思想を理解するためには、その人がどんな資質や性格をもって生まれついていたのか、そしてどんな両親や環境の下で育ったのかを知ることが非常に役に立つ。人は誰でも成長するにつれて、周囲に適応するために、自分の不得意な面を努力して補ったり、生まれつきの性格とは反対の振舞をしたりするので、どれが生来のものかわかりにくくなるが、しかしやはり生まれつきの資質がその人の核心であることには変わりない。この観点から、ユングの生い立ちや、生まれつきの人となりを調べてみることにしよう。

**内向的性格**　ユングは一八七五年、スイスのバーゼル市の近郊で、牧師の子として生まれたが、彼は小さいころ、たいへん内向的な人間であったようである。もっとも「内向性」「外向性」という言葉は、もともとユング自身の造語であり、このごろ世間で使われているよりは、はるかに含蓄の深い豊かな内容をもっているが、ここでは、さしあたって、自分の内的な世界をもっていて、そこに閉じこもりがちであるという程度の意味で使っておく。彼は九歳のときにはじめて妹が生まれ、それまでは一人っ子として育ったが、そのためもあって「私は一人ぼっちで、自分流の仕方で遊んでいた」と『自伝』の中で述べている。一人で遊んでいるときには、人に見られたり干渉されたりすることが嫌いで、自分だけの空想の世界を作って、煉瓦で塔を立てたり、戦争の絵をかいたりしていた。彼が子供時代について思い出すことは、「強い感受性と傷つきやすさ」、それに「孤独感」であった。

こうした彼の性格をよく表わしている一つのエピソードがある。彼は十歳のころ「大きな秘密」をもっていた。彼は木製の定規の端に二インチほどの人形を刻み、それをのこぎりで切り離して、筆箱に入れていつも持ち歩いていたということである。それも「フロックコートを着て、背の高い帽子をかぶり、ぴかぴかの黒い長靴をはいた」ように彫ったというから、相当のこりようである。おまけにライン川からとってきた「つるつるした長い楕円形の黒っぽい石」も一緒にして、ずっと長い間ズボンのポケットに入れて持ち歩いていた。そのうち彼はこの筆箱を屋根裏部屋の梁の上に隠しておいた。この人形と石が誰にも見つけられないでいるかぎり、彼は安全と感じ、そのころ彼を襲っていた「私自身との

子供の頃のユング

分裂および世界の中での不確かさ」から逃れることができたということである。

彼は何か感情が傷つけられたときとか、外の世界でうまくいかないことがあったとき、また父や母といざこざがあったときなど、この屋根裏部屋へ上って、梁の上によじ登り、筆箱をあけて「私の人形とその石」を見ると、心が安まり、安定するのであった。わざわざ見にいかなくても、この「秘密の宝物」のことを考えるだけで「不思議に平静に戻った」と述べている。じつは私も子供のころ、石ころや、金属製の分銅のようなものをいつもズボンのポケットに入れて持ち歩いて、それに自分なりの意味を与えていた記憶があるが、子供がそういう秘密をもつことは非常に大切であるとユングは述べている。とくに内向的で自分の世界を大事にしたい子供に対して、親がそういう秘密を許さないほど干渉したり、支配しようとすると、子供の方は全ての外界との関係を遮断して、いわゆる自閉症によって防衛するより他に道がなくなってしまうのではないであろうか。彼は「このような秘密をもったことが私の性格形成に非常に強い影響を及ぼした」と述べているが、両親や周囲から「変人」だとか「困ったことだ」といった間違った非難や心配をうけないで、そうした自分の秘密の世界を十分に味わえたということは、ユングがのちに内面の世界に目覚めていく上で、どれほどプラスになったかはかり知れない

ユング（6歳）

と思われる。

ユングは大人になってから『タイプ論』という名著を書くが、その中で「内向性」と「外向性」の特徴、それぞれの長所と短所をくわしく論じている。もちろんどちらがよいというのでなく、たいへん公平に見ているが、しかし彼自身が内向的で、しかも現代社会では内向的性格が低い評価を与えられがちであり、また彼自身そのために苦しんだ経験があるために、内向的性格に対して、相当に同情的で、またひそかに高い評価を与えていたふしも見られる。

彼は学校に行くようになって、長い間なかった遊び仲間を見つけて喜ぶのであるが、しかし内向性ゆえの困難を感ずることの方が圧倒的に多かったようである。彼はのちに『タイプ論』の中で、内向的な子供は、外からの働きかけに対して、一旦自分の内的な世界の基準に照らし合わせて、吟味してから反応するので、反応が遅れたり、反応を出せなかったりするので、グズだとか、能力が劣っていると判断されやすいと書いている。これなどは客観的に述べてはいるが、彼自身のことを書いているように感じられる。

**学校不適応**

学校は彼にとって退屈なものとなっていった。彼の内面的世界とは少しも関わりがなかったからである。学校は、戦争の絵をかいたり、火で遊んでいた時間をとり上げ、そのかわりに、決められたとおりにすることや、決められた話を聞くことばかり強制してくるのであった。神学の授業は

「話にならないほどおもしろくなく」、また数学の時間には「恐れ」さえ感じたということである。彼には数とは何なのかわからなかった。数は花でも動物でも化石でもない、数はなぜ音で表わされ、なぜ文字で表わされなくてはならないのか、a＝bでb＝cならa＝cだというが、異なるaとbがなぜイコールなのか、こんなことを彼は授業中に考えていたそうである。彼はじつは本当の意味で「考える」生徒であり、本当の意味で科学的な探求心の持主であった。しかし先生の方では、数とはこういうもので、式とはこうなっていて、さあこれを使って問題を解いてごらんという形で、どんどん授業を進めていったのであろう。最後に彼は先生が「平行線は無限大で交わる」と言った時に、侮辱されたと感じたそうである。私にも同じ経験があって、中学のとき数学の先生が「平行線は無限のむこうでは交わるのだ」と得意そうに話したとき、「それが真理だということを先生だってほんとうにわかっているものか」と非常に反発を感じたおぼえがある。ユングはそれを「素人の心をつかむための、ばかばかしいトリックだ」と感じ、とうとう数学が永久に嫌いになってしまったと回想している。

そんな調子で彼は図画にも挫折した。彼は好きなものを書かせてくれればよいが、課題を与えられると書けないのである。また体操の時間には、他人から動き方を指図されるのに耐えられないというので嫌いになってしまう。「私はいつも何に、また誰に身をゆだねているのかを、まず初めに知りたがったのである」と述べているように、器械体操でも何でも、やる前に十分に納得してからでなければ、始めることができなかったのであろう。それをいきなりやれと言われたのでは恐怖を感じてしまうというところは、内向型の人の感じ方をよく表わしている。こういう生徒はたしかに先生の方でも教えにくいものである。応々にして、わがままだとか、依怙地だとか、性格が悪いのだということにされてしまい、せいぜいよくて、もともと能力がないと思われてしまう。こういう食い違いから、ユングは次のような決定的な心の傷を受けることになる。

ドイツでは、ドイツ語、つまり日本流に言えば国語の時間は大変に重要と考えられていて、とくに文章を正しく書くことが重視されている。けれどもそれはいかに文法的に誤りなく書くかということで、内容はどうでもいいのである。そんな授業がユングのような少年におもしろかろうはずがなかった。当然彼の成績はかんばしくない。先生はユングを出来の悪い生徒だと思っていたようである。ところがあるとき、ユング少年をことのほかおもしろがらせた作文の題が出た。彼は身を入れて仕事をし、入念に仕上げて、自分でも成功作だとひそかに自信をもって提出した。よい作文は皆の前で読み上げられる習慣であった。しかしいくら待っても彼の名前は出て来なかったが、ついに最後に先生はこう言った。「さて、私は作文をもう一つ、ユングのをもっている。それは断然最もよくできている。だから私は当然それに第一席を与えねばならなかったのだ。だが、不幸にしてそれはいんちきだ。どこから君は写してきたんだい。本当のことを言いなさい！」

もちろんユングはすぐ立ち上がって、気も狂わんばかりに叫んだ。「私は写したりなんてしなかった！ 私はよい作文を書こうとずいぶん難儀をしたんです」。しかし先生の方でも大声でどなった。「君は嘘をついている！ 君はこんな作文は一度も書けやしなかった。誰もそんなことを信用しやしない。それで――どこから写してきたんだい」。彼は級友たちからも、疑いの眼で見られるようになってしまった。このエピソードは内向型の人間がいかに誤解を受けやすいかという、典型的な例を示している。

このことが直接のきっかけではないが、彼はとうとう学校に行かなくなってしまう。直接のきっかけは、級友に倒されて、石で頭を打って意識を失ったためであるが、それから勉強しようとすると発作が起こるようになり、なんと半年以上も学校を休んで、森の中や川のほとりや谷間などに行って、夢想にふけったり、マンガを描いたりしていた。今で言えば登校拒否児童である。このままだめになってしまえば、のちの心理学者にして偉大な思想家ユングは存在しなかったかもしれないが、しかし彼はこの状況から独力でぬけ出すのである。

彼はある時、父がお客に嘆いているところを盗み聞きする。「もし治らないのなら恐ろしいことです。私はなけなしのものを全部なくしてしまった。それに、もし自分で生計をたてることができないとすれば、あいつは一体どうなるんでしょう」。これを聞いて、ユングは「私はびっくり仰天した。ここで私は現実とぶつかったのだ」と書いている。彼は父の書斎に行き、ラテン語の文法書を取り出して勉強を始めるが、十分もたつと発作が起こり、椅子からころがりおちそうになった。

しかしがんばって勉強を続け、十五分後にまた発作が起こるが、これも我慢しつづけ、一時間後に三回目の発作が起こるが、これものり越えて、さらに一時間勉強した。そしてついに発作は二度と起こらなかった。とうとう彼は神経症を克服し、学校に戻ったのである。

こうした少年時代のいくつかのエピソードは、ユングの一生を象徴的に示している。彼の一生は、内向的な性格から来る内面的な危機や、外界との関係における困難さがくり返し襲ってくるのに対して、精神的な強さをもって勇敢に立ち向かい、克服し、その中で人間についての真実を発見していったのであるが、その原型はすでに少年時代にはっきりと見られたのである。

## 母の二つの顔

ユングの思想の特徴を理解するためには、彼の母親体験の特異な性質を是非知っておかなければならない。ユングのお母さんという人は、なかなかおもしろい人物だったようである。この人は、なんでもない時には「とてもよい母」であり、「ゆたかな動物的なあたたかさをもち、料理が上手で、人づきあいがよく、陽気だった」「親切でよく肥えていて」「聞き上手で」「話し好きでもあった」とユングが回想しているところからもわかるように、いわば庶民的な常識的な人であったといえよう。

ところがこのお母さんは、こうした明るい面のほかに、もう一つの面をもっていたのである。それは幼いユングには理解のできない、気味の悪い、非人間的とも言える面で、それが予期しない時に突然現われて、ユングをぎょっとさせるのであった。

彼が母の「悪い」面を最初に体験したのは、彼が三歳のころに、母が突然いなくなったときである。それは両親の結婚生活上のトラブルのため、母が一時別居したためであったが、彼女は息子をつれないで、一人だけ家を出ていってしまったのである。このごろの蒸発妻のはしりである。幼いユングは恐らく精神的なショックのために、湿疹にかかってしまい、父は熱が出て眠れないユングを抱いて学生歌をうたいながら、夜のしじまの中をあちこち歩きまわっていたそうである。その体験以来、ユングは「愛」という言葉を聞くたびに「いつも不信感を抱いた」というほどの心の傷を受けてしまった。このような母のイメージは、あの庶民的であたたかい母からは想像もできないものである。

しかしこの無気味で「悪い」母は、ユングにとって単純に「悪い」とは言えない、ある魅力をもっていた。たとえば、ある時こんなことがあった。彼の隣りの家は裕福で、日曜日には三人の子供に田舎では不つりあいなほどの正装をさせていた。この子供たちはきざっぽい作法を身につけ、ちょっとお高くとまっているところがあった。ところがある日、ユングの母がこの子供たちとユングを比較し、彼の自尊心を傷つけたので、彼はこの隣人の少年をひっぱたいてしまった。隣りの子のお母さんが怒鳴りこんできて、大騒ぎになり、ユング少年は母から「かつて彼女からきいたどれよりも長く激しく、涙ながらに」お説教された。彼女は常識に従って、暴力はいけないことを必死に

ユングの母

教えこもうとしたのであろう。

一騒動がすむと、ユングはしょげてしまって部屋の隅で積木遊びをしていた。母は窓ぎわで編物をしていたが、彼女が何かぶつぶつ言っているのを聞くともなしに聞いていると、どうも彼にお説教したのとは別の意見を言っているようであった。そして彼女は不意に大声で叫んだのである。「もちろん子どもをあんな風に育てちゃいけない」。ユングは内心大喜びであった。これは母が、ユングの暴力行為にあまり否定的でなく、「なぐりたくなるのも無理ないよ」と言ったのに等しかったからである。これでは常識的な意味での教育効果はゼロである。もし子供があまり利口でなかったり、甘えの精神をもっていたりしたら、この子供はいいかげんなだめな人間になってしまったかもしれなかった。しかしユングは利口な子だったので、簡単に母の本心が暴力を肯定したのだと受け取ったわけではなかった。母が暴力をしかったのも本心、無理もないと言ったのも本心、どちらも本心であるという不思議なことがあるということを理解したのである。彼はこのとき、人間の二重性、両面性という、人間についての深い真理を体験させられたのである。彼は世間で「よい」「悪い」と決められていることが単純に「よい」とか「悪い」とは言えないで、どちらにも真理がひそんでいることがありうるということを、漠然と感じとったのではないであろうか。

ここで特にことわっておくが、これはタテマエの裏にホンネの世界があり、ホンネの方が真実の世界だというような意味ではないということである。日本でこのような話をすると、すぐタテマエよりホンネの方が人間の真実だという意味に受けとられるが、ここで言いたいことは、タテマエの世界もホンネの世界も、どちらも真実だということである。昼の明るい世界も、夜の暗い世界も、どちらも真実だという矛盾、両面性をたじろがず凝視するところがユングの真骨頂なのであるが、いわゆる「日本的な」人はこの点を誤解しやすいので、とくに注意を促しておきたいと思う。

この調子で幼いユングは母の二重人格を何度も体験させられる。あるときなど、讃美歌が退屈だから、もうちょっと何とかならないかというような話題が食事中に出たとき、母は相当に冒瀆的な「変え歌」をつぶやいて、ユングを内心大喜びさせたりする。このように常識的で道徳的な価値観に対して、反抗したり、からかったり、破壊的であったりする性質を、ユングはのちに「人格の影の部分」と名づけるが、彼女は昼間の明るい、まじめな常識的な面と、夜の神秘的で無気味で「自然のように無情な」面とを合わせ持っていた。この後者の面は彼女個人の人格というより、「原始的な」元型的な無意識の現われと見ることができるであろう。このような元型的な母親の性質をユングはのちに「太母」と名づけることになる。

このように彼の母は私達第三者から見るとおもしろい人物なのであるが、しかし直接に影響下にある子供にとっては、相当に危険な存在と言えるであろう。子供の精神が弱いときには、その人格をとりかえしのつかないほど破壊しかねない恐ろしい所をもっていると言える。ユングでさえ「母についての不安夢をしばしば見た」と語っているほどである。私達が「子供に人間の真実を教えてやろう」などと安易に真似をしたら非常に危険であることを肝に銘じておかなければならない。

## 心の分裂性

このように幼い時からユングは母の分裂した態度を体験していたが、そのうち自分自身のうちにも、二人の別々の人格が存在していることに気づいていくのであった。彼は、心のどこか深いところで「私はいつも自分が二人の人物であることを知っていた」と言い、それを人格No.１とNo.２と名づけた。

人格No.１とは、両親の息子で、学校へ通ってちゃんと勉強し、そのうち世間に出て自分で生計を立てていかなければならないと思っていて、まわりの人々ともうまくやっていこうと思っているが、これは今日の言葉で言えば「自我」と言ってよいであろう。それに対して、No.２の方はすでに大人で、老人のようでさえあり、人間の世界からは疎遠で、むしろ自然とか夜とか夢とかいう世界に近いと感ぜられた。彼はこれを「神の世界」だと感じ、人間一人一人の個人的な生命とは別に、人間の中で数世紀にわたって生き続けている「霊」であると述べている。これはのちに彼が

「普遍的無意識」と名づけたものである。

このように、心の中に全くちがう二つの傾向が存在していることは、病的でもなんでもなくて、じつは誰の中にもあるものである。人間は生まれたときはこの普遍的無意識だけをもっているのである。そして成長するにつれて、ちょうど大海の中の小島のように自我が生まれてくる。そのため、敏感な人はこの二つのものの対立に気づき、ときに悩まされることになる。普通は、とくに大人たちは、現実世界で生きていくために、何だかわけのわからない夢のような世界を否定し、しっかりと利害を見定めた醒めた意識をもって生きていかねばならない。現実の世界で生きていくためには、No. 2の人格は邪魔であり、敵でさえある。だからたいていの人は、このNo. 2に気づいても、急いで否定し、押し殺してしまうのである。

しかしユング少年にとって、このNo. 2の世界はあまりに魅力的であった。彼は堅信礼をきっかけにして、神について考えをめぐらし、父の書斎に入りこんでいろいろ神学の本を読んでみているうちに、それは悪魔についての考えに発展していき、また悪魔を真面目にとりあげているというのでゲーテの『ファウスト』に感激し、またプラトンをはじめとするギリシャ哲学やショーペンハウエルなどの哲学書をむさぼり読んでいく。その中で彼は「永遠の世界」「神の世界」の中にいると感じ、秘密の意味に満ちた世界を味わっていると感じた。No. 2の世界は「日光がふり注いでいる風景に向かって、窓の開かれている宮殿の広々とした広間のように、光があまねくいきわたっていた。ここには意味があり、歴史的な連続があるが、これは環境と何らの接触をもたないNo. 1の生命の一貫性のない思いがけなさとは強い対照をなしていた」。それにくらべて、学校でおもしろくもない文法の規則や知識をつめこまなければならないNo. 1の方はどうかというと、これがいっこうにパッとせず、成績はよくないし、「勤勉でも、礼儀正しくも、身ぎれいでもなかった」。要するにNo. 1の方は周囲からも、また自分から見ても、少しも立派には見えないのであった。いきおい彼はNo. 2の方に身を入れて、一人で空想にふけったり、思索したり、高校から大学にかけては、暇があれば哲学書を読むというようになっていった。

ところが、この得意な方面のNo. 2を人々の前に出すと、必ずうまくいかなかったり、悲惨な結果になるのであった。すでに紹介したように、見事な作文が書けたと思うと、人のを写したのだと誤解されたり、また強い敵意や、軽蔑を受けるのであった。これはある意味では無理もないので、普通の人々は日常的な生活を維持していくために、No. 2の世界を遮断し、それを必死になって覆い隠しておかなければならない。彼らはむしろ自我が弱いのであり、それだけにNo. 2の世界が恐ろしいのである。だからそれが他人の中に現われるのさえ、必死になって否定し、攻撃してくるのである。もちろんユングは当時そのようなことを知らなかったので、ただ途方にくれるばかりであった。そんなとき、母のNo. 2が不意に「お前はゲーテの『ファウスト』を近々読まなくちゃいけない」と言ったのである。彼はゲーテを読んで深く共鳴した。ファウストという人物に、彼は彼のNo. 2と同じものを見い出したのである。周囲の誰からも拒絶され、バカにされていたものが、この偉大な古典の中にあったということは、彼を孤立感から救い出し、「内的安全感を増してくれ」「人類共同体への所属感を深めてくれ」たのであった。

## カンテラの夢

このようにして、一五、六歳ぐらいまでは、ユングのNo. 2のすばらしさは、みすぼらしいNo. 1を圧倒していた。彼はそのために現実生活のうえでは失敗ばかりして、今でいう学校恐怖症にさえかかったほどである。ところがおもしろいことに、日本式に言うと高校生ぐらいから、彼のNo. 1は急速に立派になってくる。俗な言い方をすると、彼は「おくて」だったのである。No. 2の方に共感をもっていた彼は、反対にNo. 1と同一であると感ずるようになっていくが、そういう逆転のちょうど真中で、彼は「カンテラの夢」と呼ばれる非常に重大な夢を見る。それはこんな夢であった。

「どこか見知らぬ場所で、夜のことだった。私は強風に抗してゆっくりと苦しい前進を続けていた。深いもやがあたり一面にたちこめていた。私は手で今にも消えそうな小さなあかりのまわりをかこんでいた。すべては私がこの小さなあかりを保てるか否かにかかっていた。不意に私は、何かが背後からやって来るのを感じた。振り返ってみると、とてつもなく大きな黒い人影が私を追っかけてきていた。しかし同時に私はこわいにもかかわらず、あらゆる危険を冒してもこの光だけは夜じゅう、風の中で守らなければならぬことを知っていたのである」。

目覚めるとすぐ彼は、光を守っていたのが№１であり、背後の恐ろしい人影は№２であると覚った。「私の仕事はあかりを守り、透徹した生命力の方を振返って見ないようにすることだった。つまり透徹した生命力は明らかに、別種の光をもった禁じられた領域だったのである。私は嵐に抗して前進しなければならず、嵐は背景にあるものの表面以外には何も解らないような測りがたい闇の世界へ私を押しもどそうとしていた」。この嵐に負けて、後ろの闇に吸い込まれてしまうと、彼は意識の世界を失い、精神病となるか、または生命を失ってしまうであろう。彼は生きていくためには№１として、光を守りながら、前に進んでいかねばならない。彼はアダムがかつて楽園を去ったときは、こんな感じだったのかと理解ができたと語っている。

これをきっかけに、彼の世界観はすっかり変わってしまった。№１がますます自分自身であると感ずるようになり、それにつれて№２が自分から離れていくように感じ、自分とは別の人格のように感じられていくのであった。№２はいわば「内なる他者」となっていったのである。この過程は、少年から大人への心の変化をじつに生き生きと表わしているといえるであろう。普通の人はこのようにして、№２の世界を捨ててしまうのである。しかしユングはちがっていた。彼は№２の世界に溺れてしまう危険や、人々の前にさらけ出す危険を十分に承知していたので、用心深く隠してはいたが、これを絶対に捨ててしまわないで、大切に守りつづけていったのである。

彼は人間が生きていく上で、№.１はなくてはならないことを知っていた。しかし№.２の世界もたしかに実在していて、これも人間にとって大切な意味をもっていると思えたのである。たとえば彼は降神術とか見霊術とかいう、いわばいかがわしいものに対しても、決して頭から否定することをしなかった。人はよく幽霊なんているもんかと言い、また神などはいないとも言う。科学的をもって自認する人ほどそういう傾向にある。しかし本当に科学的に考えると、何かが「ない」ということを証明することは、方法論的に不可能なはずである。ユングも「何かがありえない」ということを、一体どういう風にして知ることができるのか、と言っている。しかし逆に彼は幽霊の実在を信じたのでもない。むしろ彼はそういうものを疑わしいと思っていた。しかし彼は確実に存在しているものを直視していた。それは幽霊を見たとか、神を信じているとか、あるいはＵＦＯを見たとかいう心の働きだけは確かに存在しているということである。彼はこれを「客観的な心の現象」といい、昔話（メルヘン）や神話のように世界中いたるところで同じ物語が繰り返し繰り返し伝えられているということは、それに対応する「客観的な心の働き」が人類に普遍的に存在するからにちがいないと考えたのである。

　こうして彼は相対立する二つの心を、どちらも大切にしていくという態度をとった。これはじつにユングらしいところと言えるが、しかし両方を大切にということは、口で言うほど簡単なことではないであろう。№.１は№.２を否定しなければ育っていくことができず、№.１に熱中しているとNo. 2は薄れて消えていってしまう。またNo. 2に熱中していると、No. 1は育っていくことができない。両方を大切にということは綱渡りのようにむずかしいことである。しかし、大人になって創造的な仕事をしている人は、必ずこのNo. 2の世界をひそかに守ってきた人たちなのである。私自身のことになって恐縮であるが、私もまた、ただ世間で出世してうまくやるのとはちがった価値があるのだという感じをじっと守ってきた。そのおかげで、三十代の末になってはじめてユングに出会ったとき、ユングのすばらしい思想を感じとる感受性をまだ保っていることができたのだと感じている。人は誰でも一人前の人間として世に出るためには、受験勉強から始まって、いろいろと無味乾燥なNo. 1の役割をはたしていかなければならない。しかしその中でNo. 2の世界を消滅させてしまわない人だけが、後半生の豊かな人生を生きることができるのである。

## 進学の悩み

No. 1とNo. 2の両方を大切にすることが、大変に困難なことだと述べてきたが、ユングの場合も、さっそく困ったことにつきあたってしまった。大学に入って、どの専門分野に進むかということで、壁にぶつかってしまったのである。彼のNo. 1は自然科学が好きで、とくに考古学とか生物学とか、そんな方面が好きであった。ところがNo. 2の方は哲学とか宗教とかいう、人文科学が好きで、それを捨てることもできなかった。彼は両方の間でためらい続け、決定をいつまでも先に伸ばしていた。両方を生かせる分野など、とうていありうるとは思えなかったのである。彼はとうとう医学の道を選んだが、それも先にいってから専門分野に分かれるので、今決定的に自分の道を決めなくてもよいという理由からであった。医学は一応自然科学の分野に入るとはいえ、それは人間を扱うものであり、この中にいるかぎり、自然的なものと人間的なものの両方をやれるのではないかという予感が働いていたのかもしれない。

ユングの進学の悩みは、この宿命的な専門分化の時代に、あれもやりたいこれもやりたいという欲張りなところがユングらしいのであるが、その解決の仕方もじつにユングらしいものであった。彼は医者の国家試験を受けるため勉強していたが、精神医学の本は最後になってはじめて取りくんだ。というのは精神科の講義がおもしろくなく、少しも感銘を感じていなかったからである。今日でもそういう傾向があるが、当時は精神病はわけのわからない恐ろしい病気で、病院は町はずれに隔離され、「誰もその方角を見ようとさえしなかった」ありさまであった。精神医学はまだ学問として確立されておらず、医学の中で一番低く見られていたと言ってもよかった。ユング青年がこの方向にあまり期待していなかったのも無理のないことであった。

ところがクラフト＝エビングという人の教科書を読みはじめてみると、序言の中で著者が精神病を「人格のやまい」と呼んでいるのに出くわした。この言葉を見たとたんにユングの中に啓示のような閃《ひらめ》きが浮かんだのであった。人格のやまい！　そうだ、ここにこそ自然科学的な興味と精神科学的な興味との二つの方向が和合する場があったのだ。彼は激しい興奮に陥った。彼は『自伝』の中で「ここにこそ、私があらゆるところで探し求め、どこにも見い出しえなかった生物学的および精神的事実に共通な経験の場があったのである。自然と精神との出会いが一つの現実となる場所がついにここに見つかったのだ」と述べている。

こうしてクラフト＝エビングの本はユングがもっていた精神医学のイメージをすっかり逆転させてしまった。それはつまらない退屈なものから、すばらしい魅力をもったものへと変貌をとげた。このエピソードは直観型の人の特徴をよく示している。この型の人は、物事を今あるがままにとらえるよりも、むしろその未来の豊かな可能性を感じとるのである。ユングも精神医学がもっている可能性、その中で自分の才能が生かされる可能性を啓示のように感じとったのである。彼は栄進を期待される内科の助手のポストに誘われており、誘ってくれる人に好意を感じていたにもかかわらず、それも断ってしまい、海のものとも山のものともわからない「わき道」へ、まっしぐらにとびこんでいったのである。ここにもまた彼が子供のころから死ぬまでもち続けた大きな特徴――対立する二つの性質の、どちらにも価値を見つけて、その矛盾と緊張に耐えて両方を持ちつづけ、ついに両者が協調して働くような解決を見つけていくという特徴がはっきりと出ていると言える。私はこれをユングの両面性と呼んでいるが、この両面性こそユングの思想を理解する一つの大きな鍵であると思う。

# 三　ユングとフロイト、そしてタイプ論

## 精神科医として出発

このような運命的な決断によって、彼はチューリッヒの精神病院の医者として、人生の第一歩を踏み出した。精神病院には、今でもそんな傾向があるが、何か理解できない、気味の悪い、恐ろしい所という感じがつきまとっていた。そしてそこの医者も、また精神医学も、他の医学の部門より一段と低いものと見られていた。しかも一番困ったことには、医者自身が患者を全く理解できない、単なる現象または物体として扱っていたのである。医者たちは症状をただ記述し、何々という病名であると診断を下し、あとは患者を部屋に閉じこめて、何もしないでほうっておくのであった。精神病は人間的理解をこえた「異常」であると考えられて、それに病名をつけることは、患者を物体であると指定することに等しかったのである。患者の人格や個性など全く問題にせず、患者の精神は破壊されて存在しないか、沈滞していると思われていたが、そう思うことで医学の方もまた沈滞していたと言っても言いすぎではなかった。

しかしユングは違っていた。彼のみずみずしい関心と探求心によって、「いったい何が精神病者

の内面では起こっているのか」という疑問がむらむらと起きてきた。彼は精神病者の心理を問題にしたのである。これは当時の精神医学界に対する重大な挑戦であった。当時は患者には正常な心は存在せず、それに何らかの意味を見い出すことは不可能であり、したがって単に外側から観察して、記述し、分類し、レッテルを貼ることが学問的になしうる唯一のことと考えられていたのである。ところがユングは一見無意味に見える患者の言葉や動作に、正常者のものと同じ心と意味とを発見できるのではないかと考えた。正常な心の働きが、どこでどう狂ってしまったのか、それを理解して初めて、本当の治療が始まると考えた。人々ができないと思っていることをやろうとする人間が現われることは、できないと思っている人々にとって何とも腹立たしいものである。ユングの試みが大部分の「専門家」から、ひそかな敵意と意図的な無関心をもって迎えられたことは想像にかたくないことであった。

それはともかく、彼はこの観点からみて重要な体験をこの病院で得ることになる。彼の病院に一人の老婦人が、五十年も前から入院していたが、彼女は流動食しか食べられず、指の間からぽたぽた落としながら、指で食べるというありさまであった。この人はいつも手と腕で奇妙なリズミカルな動作をしていたが、これにユングは注目した。彼は「それが何を意味しているのかわからなかった」と述べているが、ここにユングの特徴がはっきり出ている。意味があるはずだと考えるからこそ、意味がわからないという疑問が出てくるのである。彼は精神病患者の無意味な（と誰もが思っていた）動作にも、意味を見つけようとしたのである。そこで彼は年老いた婦長のところへ行って、患者はいつもああしているのかとたずねてみた。「そうですよ」と彼女は答えた。「だけど私の前任者は彼女はいつも靴を作っているんだと言っていました」。あの奇妙な動作は靴直しをするとき、皮を通して糸を引っ張る動作だったのである。

しかし、そのことがわかっても、彼女はどうしてその動作だけを五十年間も続けてきたのかという疑問が残る。この疑問は、患者が死んだとき、葬式に来た彼女の兄との対話によって解かれる。彼は、彼女がある靴屋が好きだったが、靴屋が彼女を捨てたとき発病したと語った。あの動作は彼女の靴屋との同一視を示していたというわけである。種明かしをすれば、なあんだと思われるかもしれないし、これはごく単純な例にすぎないが、このエピソードが示している大切なことは、ユングが一見無意味な現象の背後に、必ず理解できる心的起源があると見定め、それを探求する努力をしていったということである。

## 患者の心の理解

その後ユングはこうした例をいくつも経験していくことになる。その中で彼は精神病者の幻覚や発想が意味のきざしを含んでいることを理解していった。彼らの心の中には、彼らのかつての人格や、生活史、希望や欲望が発見された。彼は『自伝』の中で述べている。「患者たちはのろまで無力なように、あるいは全く馬鹿にみえるかもしれないが、患者の心の中には外見よりももっと多くのものがあり、意味のあるものももっと多いのである。じっさいは、我々は精神病者の中に何ら新しく、未知なものを発見しはしない。むしろ、我々は我々自身の性質の土台に出会うのである」。

彼は精神病者の心の中に、我々「正常者」と同じものを発見していった。もっとも、同じものと言っても、意識的な心の働き方が同じというのではない。その次元では彼らはたしかに「異常」である。しかし、我々が意識していない深い無意識の次元においては、「正常者」も「異常者」も同じ性質の要素から成り立っていることにユングは気づいていった。彼はむしろ患者たちから学ぶことによって自分自身の知らなかった深層を知るようになったとさえ言えるであろう。彼は患者たちの話を心をこめて聞き、彼らを人間として扱い、対話を重ねていくうちに、患者たちの空想の中で演じられるドラマが、未開人の心理や、あるいは神話のいろいろなテーマと非常に似ていることに気づいていった。患者の空想のモチーフも、神話のモチーフも、「正常な」意識の論理から見ると無意味で奇妙に見えるが、それらは後に彼が「普遍的無意識」と名づけた、最も古い、最も深い心の層をなしている部分から出てくるものであり、それらには特有の性質と法則性とが見られたのである。

無意識は意識の論理とはまるでちがった論理をもっている。それは全く非合理で無秩序に見えるが、よく調べてみると、それなりのパターンや法則性をもっているのである。精神病者の言動をよく観察していると、どうやらこの無意識の内容がそのまま出ているというか、あるいは彼がその内容にのっとられ、あやつられているかのように感じられるのであった。こうしてユングは患者の内面を理解しようと努力していくうちに、患者の心の中で演じられているドラマが、意識と無意識のはげしい葛藤であること、その結果、意識と無意識が分裂してしまったり、また意識が無意識に圧倒されてしまった状態が、分裂病と言われるものであることをつきとめていった。彼らの外に現われる言動が無意識の性質であるために、「正常者」の意識の論理から見ると完全に理解を絶するものと思われていたのである。

こうしてユングは無意識の性質を調べるという、未開地の探検のような大仕事に乗り出していった。その研究の中で彼はピエール＝ジャネやブロイエルなどの先輩達がすでに二重身や夢中遊行や催眠の研究によって同じような問題を扱っていたことを知って有益な示唆を得たり、またC・G・カールスやエードアルト＝フォン＝ハルトマンという哲学者が『無意識の哲学』などの著書によって無意識について論じていたことも知った。同じようなことを考えている人というものは、知られていないけれども、案外いるものである。しかし、なかでも彼に最も多くの示唆を与え、共鳴を感じさせたのはフロイトの夢分析の手法であった。

## フロイトとの出会い

彼は以前に読んだときはまだよく理解できなかったフロイトの『夢の解釈』という本を改めて読んでみて、それがいかに自分の考えに近いかを確認した。ユングはすでに述べた言語連想実験によって、無意識の存在も、またそれを人がいかに抑圧しているかも、よく承知していたので、フロイトが明らかにしている抑圧という事実をすぐに受け入れることができた。もっとも後にくわしく述べるように、彼はフロイトに対して同意できないところもあったが、しかし精神病にとって無意識が重大な関わりをもっているという一番重要なところでは完全に一致していた。フロイトの方でもユングの本を読んで、同じ考えをもった優秀な人間のいることを知る。彼はユングを招待し、二人はウィーンで一九〇七年に最初の出会いをもつことになる。フロイトは五一歳、ユングは三二歳であった。彼らは午後一時に会って、それからなんと十三時間も休みなく話しつづけたということである。今まで周囲に無理解と冷淡と、ときに敵意しか見い出すことができなかった者が、ともに理解し、評価し合える相手を見い出した喜びと興奮がよく表われている。その後フロイトは国際精神分析学会を設立して、その初代会長にユングを推したり、またアメリカから招待されて

**フロイト**（前列左端）**とユング**（前列右端）

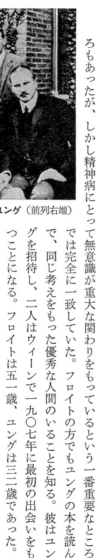

講演旅行に共に出かけたりする。ユングの方も喜んでそれに応じる。互いに同志を見い出し、意気込んでいるさまが目に見えるようである。

しかし、あんまり喜びすぎるというのは、ほんとうは危険なのである。いかに同じ考えをもっているからといって、何もかも同じ人間などというものはありえない。二人の周囲があまりに無理解だったので、ただ無意識を認めている人間が他にもいるというだけで、二人は感激したし、それはよくわかることであるが、しかしいかにうれしくても、どこかで冷静に距離をとっていることが必要である。この普遍的な人情の機微を、これほどの偉大な二人の心理学者がともに忘れていたということは、人間と人間のつき合い方のむずかしさをよく示していると思われる。案の定、しばらくすると二人の間に決定的なちがいが現われてきて、二人は訣別し、弟子たちをもまきこんで不愉快な対立関係にまで発展してしまうことになる。今から見ると、二人の考え方には、根本的なところで決定的な相違があったのである。

### 夢はだまさない

それでは二人のちがいは根本的にはどこにあったのであろうか。ユングとフロイトの関係は、ユングがフロイトの『夢の解釈』に共鳴したところから始まるが、そのときすでにユングはフロイトに対して一つの疑問を懐いていた。たしかに彼はフロイトの「抑圧」という考えに賛成した。それは彼がすでに言語連想実験によって自分でも確認していたことであった。しかし、その抑圧の原因をフロイトが性的外傷であるとのみ考えていた点にユングは疑問をもったのである。原因は他にもたくさんありうるわけで、たとえば社会的に適応するためであるとか、面子《めんつ》の問題のためというのも原因になりうるし、また道徳的な理由で抑圧がなされる場合でも、性的な道徳だけが原因とはかぎらないであろう。しかしユングが性以外のことが原因になっている事例を示しても、フロイトは決してそれを認めようとせず、ユングが経験不足のためにまだわかっていないのだという態度をとるのであった。

フロイトが自分の性理論に示した異常な愛着は、性を単に科学的研究の対象にしているというのを越えて、何か異常なものであったようである。ユングによると、性について話すときフロイトの「調子はしつっこく気がかりな様子となり、普段の批判的、懐疑的態度は消え失せた」。そしてあるときフロイトはユングにこう言った。「親愛なるユング、決して性理論を捨てないと私に約束して下さい。それは一番本質的なことなのです。私たちはそれについて教義を作らなければならないのですが、あなたはそれがゆるぎない砦だとわかります」。このことを言うときのフロイトの調子はまるで父親が「私の愛する息子、日曜日には必ず教会へ行くということを私に約束して下さい」と言うようであった、とユングは述べている。とくにユングは学問的な理論が問題となっているときに、「教義」だの「砦」だのという言葉がとび出してきたので驚いてしまったと語っている。

その後もフロイトは一生の間、性の問題に固執しつづけていく。もちろん理論的には修正され、複雑になっていくが、そうした修正は、むしろ彼が性に固執するためにこそ、なされなければならなかったものである。たとえば、夢の中に性以外のテーマが現われると、それは本当は背後に性的な願望があり、それの願望が素直に表わせないので、別の形に変形・加工して表わしているのだと考えた。つまり「夢は隠す」「夢はだます」ということになる。同じことは文化的・精神的なイメージについても言えるわけで、そういうものに対しても、抑圧された性欲が変形され（昇華され）て現われたもので「精神性欲」だと言うのであった。

またあるときは、患者が近親相姦を受けたと語ったことが、じつは事実ではなかったが、患者は決して意識的に嘘をついたのではなく、たしかにそのようなイメージをもっているという事実に直面して、フロイトは人間というものは現実とは関係のない幻想をもつものだと考えた。つまり夢は現実にはないものを勝手に作り上げる、「夢は作る」ということになる。

このような夢に対する見方をユングはおかしいと考えた。ほんとうに夢は「隠し」たり、「だまし」たり、「勝手に作っ」たりするものであろうか。確かに夢の中には意識の抑圧や修正の作用が認められることはある。しかし、夢は圧倒的に無意識の作用によって出てくるものである以上、意識がやるように隠したり歪めたりすることが普通の姿であり、基本的性格だというのは、どうしても正しいとは思えない。ユングはその後の長い間の経験から、無意識は意識の働きかけに対して、むしろ頑固に抵抗し、自律性をもって自分を押し出してくるものであることを確認していく。だから夢の内容は、無意識が何か仕事をして、隠したり、加工したりしたものだと見ないで、そのままのものとして受けとるべきだと考えたのである。彼は夢は「純粋な自然であり、まやかしのない自然な真理である」と書いている。フロイトがいろいろ面倒な理論を考えたのは、夢が必ず性的な内容でなければならないと考えたために、必要になっただけで、性的でないテーマもありうることを認めさえすれば、そんな人為的な面倒な解決は必要でなくなるのである。

また、性的なイメージが、それに対応する体験がないのに出てくるという問題について、ユングはその後、「シンボル」という問題を探求していき、たとえば王と女王の結婚とか、男女の性的結合というイメージが、必ずしも性的なものとは限らなく、もっと一般的な「対立物の結合」を表わすシンボルとして使われている例を、古い文献の中などに見い出していった。現実と一見無関係に見えるそうしたシンボルは、じつは心の中の現実的な内容を表わすものであり、ただの幻想とは言えないというのである。この問題はのちにもっとくわしく説明しよう。要するにフロイトは異常に性にこだわったために、理論的に無理を重ねることになったのであるが、夢が隠したり、加工したりすると考えたのはその最たるものと言えよう。それに対してユングは「夢はだまさない」という信条をもって、素直な気持で患者の夢に対していったのである。

### 自分に暗いフロイト

フロイトが性に固執する態度に接しているうちに、ユングはフロイトが性を単に科学的探求の対象にしているというよりは、むしろ何か非合理的なものに憑かれているような印象をうけて、「性欲は彼にとって一種のヌミノースであると直感した」と述べている。「ヌミノース」というのは、普遍的無意識の最も深い内容が現われてくるときには、打ちかちがたい戦慄と魅力をもった強い情動を経験するものであるが、そういう感じを表わす言葉である。たとえば、ある人は巨大な魚の頭部がいくつも地面からニョキニョキ出ている夢を見て、ただ恐ろしいというより、ゾッとするような無気味な感じを味わったそうである。またある人は巨大な山のような恐竜が迫ってくるので、自分を虫けらより小さいもののように感じたということである。その反対に、えも言えないほど清らかな女神の夢を見て、感激することもある。こういうのは日常的な体験とは次元の全くちがう、無意識の深みから来るものである。

ユングはフロイトの性欲がこういうものと同じものだと言っているのであるから、じつは大変なことを言っているわけである。世間一般の見方では、またフロイト自身のつもりでも、彼の扱っている性欲は人間が個人的に体験することであり、また合理的に科学的に扱うことのできる生物学的事実のはずである。ところがユングはそれとは正反対の見方をしていることになる。フロイトが学問的に扱おうとしたのは、確かに個人的な無意識としての性であり、彼は性をそのようなものとして合理的に扱おうとした。しかしそれにもかかわらず、彼の実存にとって性が意味しているものは、もっと非合理的な、神的なもの、あるいは悪魔的《デモーニッシュ》なものであったというのである。ユングはフロイトの性欲とは、心理学的にはヤーヴェと同じ性質のものであるとさえ言っている。このことは重要なところなので、少しくわしく説明しておこう。

ユングは晩年になって『ヨブへの答え』というユダヤ教とキリスト教について大論文を書いて、その中で『ヨブ記』のヤーヴェの性質についてくわしい分析をしている。ここではくわしい紹介はできないが、結論を言うと、要するにヤーヴェは正義や倫理の立場に立っているのではなくて、ただ力で人間を支配しようとしているだけである、そのため人間には契約を守ることを要求しながら、自分の方は平気で破ったり、ヨブの忠誠を疑ってみたり、不幸におとし入れて試してみたり、脅してみたり、およそ全知全能と言われるのにふさわしくないことばかりする神様である。この嫉妬深い不思議な神の性質を心理学的に見ると、ちょうど自分の心理に暗い暴君のような父親の性質と同じだというわけである。だからそれが周りの人々に現われるときには、彼の無意識は人間的なものとしてではなく、まるで自然現象として現われるので、苛酷で暴力的で、恐ろしく、そして道徳的基準があてはまらないのである。

このようなヤーヴェの性質と同じものを、フロイトが性に固執するときにユングは感じたというのである。もちろん当時は、ヤーヴェについてくわしい認識をしていたわけではないので、ただフロイトにとって性欲が単なる科学的対象というだけでない、何か非合理的で、強制的なイメージであるということを感じたということであろう。フロイトには何か対象化したくない非合理的な情動があって、ユングはそれを鋭く感じていたと言ってもよいであろう。フロイトが意識化しないようにしていたものとは、ユングの言葉で言えばヌミノースをもった普遍的無意識であり、それを対象化しようとすればフロイトは自分の合理主義を崩壊させ、新しい立場を立てなければならなくなったことであろう。フロイトの用語を使えば、彼は普遍的無意識を見ないように「防衛」「抵抗」のメカニズムを働かせていたということになる。このことを考えれば、彼が個人的無意識にあくまでも固執したことも理解できるのである。

フロイトは自分自身の心理に暗かったと言える。あるいは自分自身の暗い部分に対決することを避けたとも言えよう。このことについてユングは『自伝』でこう語っている。「フロイトはなぜ彼が絶えず性のことを話すよう強いられているのか、なぜこの考えが彼をそんなにとらえるのか、決して自問してみようとはしなかった。彼は彼の「解釈の単調さ」が彼自身、あるいはおそらく神話的と呼ばれる彼のもう一面からの逃避を表わしていることに気づかないでいた。彼がその面を認めることを拒んでいるかぎり、彼は自らと決して和解することはできなかった。彼は無意識の内容のパラドックスとあいまいさとに対して盲目であり、無意識から生じてくるものはすべて頂上と底、内側と外側とを有していることを知らなかったのである」。

## 訣別と暗闇体験

このように見てくると、両者のちがいが、根本的にはどこにあったかがよく分かってくることと思う。それは単に性理論を認めるか否かにあるのではなく、その背後には、自分自身の最も深い暗い部分に、どれだけ誠実に、勇気をもって対決するか否かのちがいが存在していたと言える。それを避ける人間には、必ず多かれ少なかれヤーヴェ的な、暴君的な性格がつきまとってくるのである。

もっとも、このようにユングがフロイトを批判するのを聞くと、ちょっと厳しすぎる、ユングという人は怖い人だなと感ずる人もいるかもしれない。確かにユングのフロイト批判の鋭さは、鬼々せまるものがある。しかし、ユングの方にも、その厳しい批判をせざるをえないという、心理的な理由があったのである。というのは、両者は互いに父と子のイメージを投影し、よき後継者にしたいと思っていたからである。フロイトはユングに「よい息子」のイメージを相手に投影していたし、ユングの方はフロイトに「立派な父」を投影していた。ユングの実際のお父さんは、やさしいけれども頼りなく、信仰上の悩みに圧倒されて、病気になって早く死んでしまうという、むしろ弱い父であった。

このような父子関係の投影がお互いの側からあったために、話がややこしくなってしまったと言えよう。深くつき合っている間には、現実には「よき父」「よき子」でない面が露呈してくるものである。フロイトの方から見ると、どうもユングは自分に忠実でなく、逆らうところがある。ユングの方から見ると、どうもフロイトは権威づくで、押しつけがましい。こうして互いに夢が破れるという体験があったようである。彼らは訣別して、俗に言う「口もきかない」状態になってしまう。この関係をとくにユングの側から言うと、この父子関係の投影のために、フロイトのヤーヴェ的性格がユングに対して特別に強く迫ってきたのではないであろうか。『自伝』でも、やんわりとではあるが、後継者とみなされていたのは迷惑だったという意味のことを書いている。

これまで述べてきたことは、のちにユングが『自伝』で解明していることを中心に述べてきたので、フロイトとの関係が非常に明確になっているが、しかし当時のユングはもちろんそうした理解をもっていたわけではなかった。むしろ当時はユングには何が起こっているのか、わけがわからなかった。何が何だかわからないうちに、フロイトとの、のっぴきならない対立関係に陥っていたと言える。人間が不幸や心的葛藤に陥って、しかもその理由も周りの状態も理解できないで、方向喪失感に苦しみ、暗闇の中にいるように感じるのを私は「暗闇体験」と名づけているが、このころのユングの状態はまさにこの「暗闇体験」にあたるものであった。彼は『自伝』にこう書いている。「フロイトと道を共にしなくなってから、しばらくの間、私は内的な不確実感におそわれた。それは方向喪失の状態と呼んでも、誇張とはいえないものであった。私は全く宙ぶらりんで、立脚点を見出していないと感じていた」。

この宙ぶらりんの方向喪失感の中で、それに打ちひしがれてしまわないためには、よほど強い精神力が必要であったろう。彼は強靭な精神力をもって、この状態に対決し、新しい立脚点を探求するために、猛烈に頑張るのである。彼がこの苦しみの中で実行したことは、大きく言うと二つのことであった。一つは自分の無意識との対決であり、いま一つは人間の心理的タイプの研究である。この二つの営みによって彼は人格的な危機の中から、新しい自分のあり方《アイデンティティ》を確立することができたのである。無意識との対決については後に述べるが、ここではフロイトとの関係でとくにタイプ論について少しくわしく述べておこう。

### タイプの違いという発想

ユングがフロイトと訣別する直前に、フロイトの高弟アルフレート＝アドラーがフロイトと学問的に対立し、フロイト派から去っていくという事件が起きた。フロイトの後継者と見られていたユングには、周囲から当然自分の立場をはっきりさせることが期待されたことであろう。しかしユングは自分の態度をはっきりさせることができなかった。フロイトとアドラーが一つの症例に対して全く異なる解釈を下すのに対して、ユングはどちらも正しいような気がするが、どちらも間違っているようにも感じて、はっきりした意見を言うことができなかった。まさしく自分の位置がはっきりしないのであり、自分の意見がない、自分がないのであった。こうした事態をユングがいかに解決したかを知るために、まずフロイトとアドラーのちがいを簡単に見ておこう。

たとえば次のような症例がある。ある若い婦人が不安の発作に襲われて、夜中に夢にうなされて、金切り声をあげて飛び起き、夫にしがみついて、夫の愛をたしかめ、棄てないでくれなどと、しつこく言う。彼女は昼間でも喘息《ぜんそく》の発作に襲われるようになった。

この症例に対してフロイトは次のような解釈を与えた。この女性の両親の結婚生活はうまくいっていなかったが、そのためこの患者は本来母親の占めていたポジションを占め、心理的に父親に対して幼児性愛的関係をもっていた。ところがあるときパリの街で厚化粧した婦人が父親のそばにすりよってきたとき、父の眼の中にぎらぎらした動物的な眼を見てショックをうけ、それ以来、食事時に窒息発作が起こり、食物が喉を通らなくなった。この発作は父が死ぬと消えた。しかし結婚して何年かたって、夫が別の婦人に対して恋心を持っているとわかったとき、同じ発作が彼女を襲った。このことは彼女の、夫との関係が、彼女の幼児期の父親との関係と同じ性質のものであり、その未解決の問題が夫との間の問題としても現われたのである、と。

ところがアドラーはこの同じ症例に全く別の説明をほどこした。つまり彼は人間誰もが権力衝動をもっていて、他人の上になり、他人を支配せんとする、ひそかな動機をもっていると考える。この立場から見ると、患者のノイローゼ発作は自己中心的な権力衝動を満たすための効果的な手段である。発作が起こると皆が心配して右往左往し、電話のベルがなり、医者が駆けつけてくる、家の中全体が自分のために動員され、彼女は中心人物となる。こうして彼女の権力意志は満足させられるというのである。

さて、この二つの解釈はいずれが正しいのであろうか。この根本的に相反する二つの学説に対して、ユングはどちらも正しいと感じたが、しかし一つの症例に対して相反する説がどちらも正しいとはどういうことであるのか。この困った難問に対して、ユングはついに次のような解決を与えたのである。つまりノイローゼには二つの相反する面があり、一方の学者はその一面のみを見、他方の学者は他面のみを見ているのではないか。つまり学説のちがいは見る側の心理的特性のちがいによって生まれてくるのではないかと考えたのである。そう思って見ると、たしかにフロイトは患者の両親との関係に異常に注目し、それゆえ愛（とくに性愛）などという他人との関係の問題が関心の中心を占めている。つまり客体（他人）が最大の意義をもち、客体が欲求の対象になっているのに対して、主体はまるで影が薄くなっている。それに対してアドラーの見方においては、主体の隠された動機が強調され、主体が術策によって優位を確保しようとする者と考えられている。彼においては主体の異常な強調が横たわっており、客体はせいぜい圧迫を加える者としてしか考えられていない。

このように見てくると、フロイトとアドラーのちがいは、理論的にどちらが正しいかという問題ではなくて、人間が何かの事態を見るときに、どんな心理的な構えをもって、どんな所に注目するかのちがいにすぎないということになる。つまり観察する者の心理的なタイプのちがいの現われと見るほかないということになる。人間は生きていくにさいして、外界や内界に対して、一定の心的な構えをもって対処しているものであるが、その心的な構えにはどうやら二つの正反対のタイプがあるということにユングは気づいたのである。そしてその二つのタイプを「内向性」「外向性」と名づけたが、この言葉はいま常識的に使われているのとは少しちがったニュアンスをもっているので、とくに立ち入って説明をしておきたいと思う。

## 外向性と内向性

広く生物界を見ると、生物が生きながらえていく方法に二つの原理があると言える。一つは個体としての力は弱いが、あえて環境に逆わないで、波の間《ま》に間《ま》に漂う感じで生きているタイプである。このタイプは子供や卵をたくさん産み、とくに世話をしないで環境にまかせてしまう。自分自身も外界に逆わないで、環境と一体化し、その中に溶けこみ、うまく適応している。それに対して、もう一つのタイプの生物は、猛獣のように、個体の力とエネルギーを増大し、それをもって外界と闘い、外界のエネルギーを貪欲に摂取し、それを強力に放出して生きていく。この二つのタイプをイギリスの詩人ウィリアム＝ブレイクは「多産型」「貪欲型」と呼んだが、ユングはこうした生物学的な原理のちがいと同じちがいが、人間の生まれつきの心理的な構えのちがいにも見られると考えた。つまり前者が万物の中に溶けこみ、周囲と数多くの関係を結ぶことによって得るものを、後者は周囲に対して明確な一線を画し、一種の独占を確保することによって手に入れるのである。ユングは前者を外向性、後者を内向性と名づけた。

現在ではこの内向―外向という言葉は日常用語になっていて、ある人が内向的だとか外向的だという場合に、その人の態度としてはっきりと現われている特徴から分類するようになっている。たとえば、あの子は社交的で明るく外向的であるとか、あの自殺した生徒は自分の中に閉じこもりがちで内向的であったといった具合である。しかしユングがはじめにこの概念を考えたときには、もっと複雑で独特の内容をもっていたのである。

まず第一に彼は心的なエネルギーというものを想定し、その心的エネルギーの働き方に二つのタイプがあると仮定した。一方のタイプは、このエネルギーが外に拡散していき、周囲の客体に向かって流れ出していく感じで、そのために自分が周囲の世界と一体化し、融合しているように感ずるような状態である。この状態にある人は、周囲との違和感がないかわりに、周囲から画然と区別された自分という感じが弱い。つまり主体の影がうすくなっていて、その分だけ客体が明るく輝いているような感じである。この人にとっては、したがって、他人の言動や判断が決定的な重みをもっており、彼の態度決定は自分の考えとか好き嫌いによるよりは、周囲の状況に合わせて決められるのである。ユングはこのような心的エネルギーのあり方を外向的な構えと呼んだ。

それに対して、もう一つのタイプは、心的エネルギーを拡散させないで、周囲に対して強力な壁を作って内部にエネルギーを蓄積し、内面に明確な形をもった内容を作り出し、それを大切にしている状態である。この状態にある人は、強い境界線の中に独自の世界をもっているので、この世界を必死に守ろうとし、この世界が乱されるのを嫌う。彼は周囲の期待に合わせるのでなく、自分の好みや判断といった内的欲求に従って態度をきめる。この人々にとっては客体の影がうすくなっており、外界がはっきりした存在感をもって迫ってくるのは、たいてい自分の内面の世界を冒したり、撹乱《かくらん》する場合だけである。この状態をユングは、まるで主体の側に磁力があって、心的エネルギーを周囲から吸収しているようだと言い、これを内向的な構えと名づけた。

　このようにユングは心的エネルギーのあり方に二種類あるが、それはゲーテがディアストレー、ジストレーと名づけた二つの心的状態にあたると述べている。ディアストレーとは、もともと心臓の筋肉が弛《し》緩《かん》した状態であり、心理的には客体の方へ流れ出していって客体を摑《つか》む感じである。ジストレーとは心臓が収縮した状態であり、心理的には関心が客体から離れて中心（自分）の方へ集まってくる感じである。ユングはこの二つのあり方が人間の外界に対する態度のちがいとして現われると考えたわけである。心的エネルギーが外を向いている人は関心が外に向き、周囲とうまい関係（コネ）を結んで、それによって物や情報を交換し合って生きていく。他方、心的エネルギーが内を向いている人は、関心が自分の主観的要因（内面のイメージとか、自分の意見とか、好き嫌いの判断など）に向かい、そこから自分の実力を涵《かん》養し、それを使って生きていく。

　この二つの心理的なあり方は、もちろん両方とも一人の人間に備わっているものである。ちょうど心臓の働きが収縮と膨脹とから成り立ち、またホルモンには活動を活発にするものと、活動を停止させるものとのペアーがあるように、人間が外界との関係の中で生きていくためには、外向的な態度と内向的な態度の両方が必要である。ユングは両方のリズミカルな交替がノーマルだと言っている。しかし現実には一人の人間において、どちらかに片寄る傾向が見られる。その人の生まれつきの資質にすでに片寄りがあり、それに環境の作用が加わって、かなりはっきりしたタイプを示す人もあれば、両方がいり混って、どちらとも言えない人もいる。いずれにしても、このような視点から見ると、人がどのような構えで物事に対処しようとしているかがよく理解できるのである。

ユングのタイプ論のすぐれたところは、一般的に人間の理解に役に立つというだけでなく、人間同士の誤解ということの、心理学的基礎を明らかにしたことである。人間は自分のタイプの構えから他人を判断しようとするので、異なったタイプに属する人同士は、どうしても正しく理解できないことになる。たとえば、外向型の人から見ると、内向型の人は何か隠しているようではっきりしなかったり、あるいは一旦自分の考えを出すとそれに固執して依怙地だと思われたりする。しかし内向型の人は自分の世界を明確にもっているので、主張が強いのであり、また自分の世界に照らしてから反応を出すので、反応が遅れたり、出なかったりする。あるいは自分の好みや意見が周囲と合わないと思うと、出さないこともある。このために外向的な人から見ると、自己主張が強すぎたり、にえきらなかったり、どうも態度がアンバランスと受けとられるのである。しかし内向型の人は周囲に合わせることができないのではなくて、合わせたくないのである。それに対して、外向型の人は内向型の人から見ると、どうも自分というものがなくて、周囲に影響されやすく付和雷同的であって、調子はいいけれども中味がなくて信用ができないと思われたりする。しかし外向的な人は、別にバスに乗り遅れないようにと、意図的に流行に乗っているわけではなくて、周囲の状況を感じとる能力が高く、また周囲に友好的なので、自然に周囲に合わせていくことになるのである。

このように見てくると、心的なタイプがちがうというだけで、いかに相手を間違って見ているかということが分かってくる。人はたいてい、自分の原理の普遍妥当性を信じこんでいて、その立場から異なるタイプの人を非常に低く見ているものである。そのために、この世にどれほどの誤解と憎悪と争いが起きているかを考えると、我々が自分のタイプを自覚し、自分の見方に片寄りのあることを自覚することが大切だとユングは言うのである。

**現代社会の外向的性格**

このように外向型と内向型は互いに誤解することが多いのであるが、誤解にさらされる度合は、現代社会では内向型の方が外向型よりもひどいとユングは書いている。というのは現代の風潮が外向的だからである。ヨーロッパで始まった産業社会の原理は、人々の関心を外面的なことに向けた。というより、逆に、人々の心的エネルギーが内面的・宗教的なことから経済活動といった外面的なことに向いたことによって、産業社会がもたらされたと言えるかもしれない。ともあれ、どちらが原因というのでなく、産業社会のあり方と、人々の外向的な心理とは相呼応しているのである。そこでは経営者や政治家として成功をおさめたり、はっきりとした形として現われる業績をあげることが高く評価されたり、学問の世界でも実証や実験が重んじられる。女性も家の中にいるより外に出て働くことの方が立派なことだと思うようになる。こうした風潮の中では、内向型の人はつねに低く評価され、自信を奪われ、心理的に被抑圧者の立場に立たされることになるとユングは述べている。ユングの少年時代に、作文があまり出来すぎていたため、盗作だと先生から誤解された話を、前に紹介したが、あれも内向型の人間が外向的な人々からの誤解と過小評価にいかにさらされているかを示すものである。

ユングに言わせると現代の西欧世界は極端に外向的で、それに対して東洋にはまだ内面性を重んずる傾向が残っているというのであるが、それは少し異郷びいきである。アメリカのように内向的中世の伝統のない所に、いきなり産業社会が出現した所では、外向的傾向が強くなるのは当然だとしても、東洋も現代では産業社会化によって、西欧以上に外向的になっているのである。東洋人から見ると西欧社会は今でもブレイクの「貪欲型」であり、個人主義と自己責任の原理が強い。それに対してアジア－モンスーン地帯の群居的な「多産型」社会においては、一人一人の実力によるよりも、集団と関係の原理に依存する度合が強く、外向的な風土が根強いのである。したがって、この社会では大勢に逆ってはならず、皆に同調しないことは悪であるとされやすい。個々人の独自の世界や独創性はなかなか評価されにくいのである。

このような風潮の中で、内向型の人間はどのような生き方をしたらよいのであろうか。ユングは自己の原理に忠実になれと言っている。外向的な風潮に追随し、目に見えないという理由で内面的なものを軽蔑してしまうのではなく、誠実と献身とをもって、自分自身の内面的な要素をしっかりと保持し、これを磨き上げ、これに従っていくのがよいと言うのである。

**意識的態度と無意識的態度と**

さて、ここで少し話を戻して、人間をタイプに分けることがそもそも可能であるのかという問題を、さらにつっこんで考えてみよう。人間の性格を少し注意深く観察している人ならば、人間は複雑なものであって、そう簡単に内向的だとか外向的だと分類できないことに気づくはずである。人間を性格に従って分類する試みは昔からなされており、たとえばギリシャ時代にはヒポクラテスが粘液質、憂うつ質、多血質、胆汁質の四つの気質の類型を設定している。また人間の自我や内面の問題を観察し扱わなければならなかった近代の文学者、詩人や哲学者たちは好んで人間の心理的類型を設定した。たとえばゲーテは「ディアストレー」―「ジストレー」という区別を、シラーは「素朴的」―「感傷的」、ハイネは「プラトン的」―「アリストテレス的」、また、哲学者のウィリアム＝ジェイムズは「柔い心」―「硬い心」 tender-minded, tough-minded という区別を設定した。そして心理学の分野でもクレッチマーの性格分類やロールシャッハーテストは人間の表面には現われない心の基本的態度を明らかにする目的をもっている。このように人類の歴史を見ると、人間の心的な構えについて分類しようとする見方が非常にたくさん見られ、また確かにそれが成功していると感じられる。我々は日常的経験にてらして、これらの分類がよく当たっていると感心させられることが多い。

しかしこうした分類が学問の分野で重んじられないのには、それ相応の理由があった。というのは、人間をくわしく観察すればするほど、一人の人間について、つねに両面が発見されるからである。卑近な例を挙げれば、会社では几帳面で親切な男性が、家に帰るとだらしなく横暴であるとか、外で明るく社交的な女性が家にいるときは意外にセンチであったり、ふさぎこんだりするとか、要するに人間は単純に外向的だとか内向的だと言えないことがわかってくるのである。そうなると気質や性格の分類は厳密な学問的概念としては、あまり意味がないことになってしまう。しかし、それにもかかわらず、ユングが見たように、人間同士の誤解や争いの底には、やはり性格の違いとでも言いたいものが確かにあるように思える。これは一体どういうことなのか。こうした問題につきあたったとき、ユングの偉いところは、簡単にどちらかに決めてしまわないことであった。彼は人間を確かに分類できるという日常的な感じも大切にし、しかも正確に見ていくと分類できなくなるという科学的に厳密な見方も、もっともだと考えた。この両方とも正しいということがなぜ起こるのかを考えていったのである。そしてついにこの難問を解決する枠組を発見した。それは人間の意識的態度と無意識的態度が正反対になっているという事実である。

つまり、たとえば他人から見て外向型に見える人は、じつは意識的な態度として、客体（他人）と同化しようとし、また他人や世間の判断や傾向に合わせて自分自身を捨てようとしているのである。ところがこの人はその分だけ自分自身の欲求、願望、感情といったものを無意識のうちに抑圧しており、そうした主観的な要因は無意識の中でエネルギーを増大していると考えられる。それゆえこの人は意識の統制が弱まるような、家族などの親しい人々の中では意外なほど自己中心的な我儘な態度をとり、子供っぽくなったり、はては残忍なほどのエゴイズムを示すことがある。その反対に、内向型の人は客体によって自分の内的な要因が妨害されたり支配されたりしないようにつねに意識的な努力を強いられており、外から見ると客体からは完全に独立しているように見える。ところが立派な意見をもつ合理的な学者が、家に帰ると特定の食餌療法や薬を迷信的に信じていて、食卓に何種類もの薬を並べて毎食後に飲んでいたり、特定の気候や場所が体によいと信じこんでいたりする。このような例を見ると、彼が客体のとりこになり、客体に支配されている、つまりまるで客体に魔術的な力がやどっているかのように振舞っていることがわかってくる。こういう人の客体との関係は無意識のうちで原始的呪術的になってしまっているのである。

このように意識と無意識の構えがちょうど正反対になっているために、人間を厳密に見れば見るほど、人間とは外向と内向の両面を備えたもので、分類できないものだと思われたのである。しかし、さらに厳密に見ると、その両面性のあり方において、内向型と外向型とではちがいがあることがわかる。

まず外向型についていうと、この型の人は意識的に行動するときは社交的で明るく、他人とのつき合い方も上手で、社会に適応することもうまい。つまり外向的な態度が洗練されているということができる。ところがいったんこの人が自分の主張や欲求を表現するとなると、相手の状況や気持などかまわずに自己中心的になったり、あるいは自分を完全に抑えてしまって、あとでヒステリーを起こしたり、要するに上手に自分を表現できないのである。外向型の人の無意識的な態度が、内向的態度の洗練されていない形態になっていることがわかる。その反対に、内向型の人は自分の内面の判断や欲求を見事な理念や芸術の形で表現するのであるが、しかし他人との関係ではバランスを欠いていて、やたらと自分の考えを押しつけたり、派手に振舞ったりするかと思うと、逆に内気で、しりごみしたりして、外交的態度が洗練されていない。

このように見てみると、同じく両面性をもっているといっても、外向型と内向型とでは意識的態度―無意識的態度の関係が逆になっていることがわかる。外向型の人は外向的な態度を意識的に洗練させているが、自分自身の意見や感じ方との関係、その表現の仕方については手入れしないで荒地のままにしているようなもので、幼児的・原始的な状態にとどまっているのである。反対に内向型の人は自分の内面をよく知っているが、外との関係が劣等である。このように人はたいてい外向型か内向型に片寄って人格を形成し、それによって人生を生きていくのであるが、その場合に二種の問題が生じてくる。一つは片寄りすぎるという問題であり、もう一つは円満すぎるという問題である。

ユング（29歳）

つまり、心的なタイプは生得的な素質と環境の圧力とで決まるが、この二つの要素が一致している場合には片寄りすぎ、相反している場合には片寄りがないという問題が生じることになる。たとえば外向的な素質をもって生まれてきた子供が、外向的な社会の中で外向型の親に育てられると、極端に外向型の人間となってしまう。このような人は内向性を開発することが必要になる。内向性を開発するといっても、もちろんそれを中心的な態度に変えるというのではなく、不得意なことを自覚した上で、なるべく洗練させ、中心的態度との調和を図るのである。ただしこのように言うと、日本人はよく、円満になることだと誤解するので断っておくが、決して角がとれて丸くなるということではない。あくまでも中心的な態度は保持し、個性的な特徴をもちながら、無意識の態度を洗練させるのである。

次にもう一つの、片寄りがないという問題に移ろう。これは片寄りがないというより、ないように見えるといった方が当たっている。こういうことがなぜ起こるかというと、それはその人の素質と反対の型の親に育てられたために起こることが多い。たとえば内向的に優れた素質をもった子供が、外向的な態度を重んずる親や世間の中で育てられると、この子供は表面的には外向的な態度を身につけるが、それもあまり上手とはいえない。かといって内向的な態度もそれほど下手でないといった、どっちつかずの感じになり、全体として見たところあまりさえない感じの人格になっていることが多い。これは現代の社会の中で内向的な人間が不得意な面に適応させられ、自信を失っている状態として、よく見られるものである。そのような場合に大切なことは、自分自身の本来の（自然な）傾向を自覚し、それを中心的態度として確立することであるとユングは主張するのである。このことは本来外向的な素質をもった人が、内向型の意識態度をもたされている場合にも同じように言えるであろう。

さて、ユングのタイプ論を紹介するためには、以上の内向性・外向性という心の基本的な構えのほかに、心の働き方のちがいとして、四つの機能ということを明らかにしなければならない。四つの機能とは、思考・感情・直観・感覚であり、この四つの心的な働きのあり方が、外向型・内向型のそれぞれで異っているのである。したがって心的なタイプは八つの型があることになる。ユングは八つのそれぞれについて、くわしい説明をしているのであるが、そこまで立ち入ることは、ここでは止めて、タイプ論についてのユングの基本的な発想を明らかにしたことで満足しようと思う。

四機能についてさらに詳しく知りたい人は、林道義著『心のしくみを探る—ユング心理学入門』Ⅱ（ＰＨＰ新書、二〇〇二）「第三話　心理的タイプ」およびＣ・Ｇ・ユング著・林道義訳『タイプ論』（みすず書房、一九八七）を参照されたい。

# 四　人格の危機と統合 ―― 個性化 ――

　ユングは子供のころから、自分の人格が分裂しているという感じをもっていた。彼は自分の中に全く別の二人の人間がいるように感じたらしい。彼がそれを人格No.１と人格No.２と名づけたことはすでに紹介した。そうした心の分裂性をいかにして統合していくかという問題が、彼の思想の核心であると言っても過言ではない。

　このような分裂の感じは自我が確立されてくるにつれて一時後退していたのであるが、フロイトと訣別した直後から、また激しくなったのである。しかも今度の分裂感は子供のころとは全くちがった様相を呈していた。子供のころは、分裂といっても、No.１の人格もNo.２の人格も、どちらも自分自身と感ずることのできるものであったが、今度は自分のものとは到底思えないようなものが次々と出て来てしまうのであった。

## 「内なる他者」との対決

彼は一九一二年の末ごろから、自分の無意識が異常に活発に動き始めていることを感じさせるような、不思議な夢をたくさん見るようになった。なかでも気味の悪い一つのテーマが、空想や夢の中にくりかえし現われた。それは死んだものがあって、それが生きかえる、またはまだ生きているというものであった。たとえば、夢の中で彼は、古い教会の地下の埋葬所のようなところにいた。そこには古代の衣服をつけた人々がミイラのように横たわっていた。ところがこれらの死体をユングが見つめていると、次々に命をふきかえし、指を動かしたり、組んでいる指をほどいたりするのだった。

このような夢想について、彼はなんとか解釈を与えようとして考えに考えてみるが、これまでの理論ではどうしても理解できない。それで、彼はとうとうあきらめて、無意識があふれ出てくるままにまかせ、それを注意深く観察し、それと意識的に対決しようと心に決めたのであった。しかし、この道は思っていたよりは、はるかに恐ろしい体験を彼に強いることになったのである。彼はまことに異常な不気味な幻覚に次々に襲われることになった。たとえば次のような幻覚である。

「私は恐るべき洪水が北海とアルプスの間の低地地方をすべておおってしまうのを見た。その洪水がスイスの方に進んでくると、われわれの国を守るために山がだんだんと高くなっていった。私は恐ろしい破局が進行しつつあることをさとった。私は巨大な黄色い波や、文明の残がいが浮いているのや、無数の多くの溺死体を見た。すると海全体が血に変った。この幻覚は約一時間続いた。

私は困惑し、吐気をもよおした」。

二ヶ月ぐらいして、また彼は同じような恐ろしい幻覚を見る。彼は机に向かって、自分の恐怖について考えているとき、うとうとし、そのとき急に暗い深みにとび降りていく。暗い洞窟の中には水が流れており、そこに死体が浮かんでいた。そこに巨大なエジプトの黒い甲虫が流れて来、続いて深みの中から赤い太陽が昇ってきた。そのとき流れが湧き出てきた。それは血であった。血が噴射し、とびはね、彼は胸が悪くなった。

とにかく尋常一様のものでないことは確かである。死人が動き出すとか、海が血に変わるとか、死体が流れてきて血が噴射してくるとか、こんな幻覚を次々に見たら、ユングでなくても強い不安と恐怖に襲われざるをえないであろう。ユングは自分に精神病の素質でもあるのかと疑い、自分の全生涯を細部にわたって二度も調べてみたと述べている。彼はとくに幼児期の記憶について注意してみたが、それは障害の原因で自分の気づいていないものが自分の過去にあるかもしれないと思ったからである。彼は自分が分裂病におびやかされていると考えた。事実このような幻覚は、彼が扱っていた分裂病の患者たちの空想や幻覚に非常によく似ていたのである。彼が動転し、恐怖に襲われたのも無理もないことであった。彼はいわば「内なる他者」に襲われたのであり、この不気味な内なる異質性は彼の意志の統御をはなれて勝手に活動しているのであった。彼はまさしく人格の危機に陥ったといってもよい状態になっていた。しかし彼はこの状態に英雄的に立ち向かい、その中から、いくつかのすばらしい洞察を引き出していくのである。

## ジークフリートの角笛

こうした異常な体験から生まれてきた第一の結果は、患者との関係が改善されていったことである。ユングは従来の理論や仮説が自分にとって全く役に立たないことを体験した結果、患者に対しても既成の枠組や先入見を捨てて、ありのままを見ていくという態度をとるようになった。彼は理論的な前提を一切もたず、患者が自然に話すのを待ち、それをそのまま受けいれるという態度をとった。すると患者は自分の夢や空想を自発的に語ってくれるのであった。彼は自分の無意識体験の深まりによって、患者の無意識の世界への理解力を深めていたのであろう。彼はもとから、患者の心の中で起こっていることは、いわゆる「正常人」とは異質のことだという考えに疑問をもっていたが、現実に自分の中にも患者と同じものを発見することによって、その疑問を一層強め、患者の心の中を自分と同じ要素から成り立つものとして理解できるという信念を強めたのである。

彼に生じた第二の結果は、自分の個人的な心の問題と、社会的・歴史的な問題とが、不思議に呼応し、一致しているという洞察であった。彼は一九一二年から一三年にかけて、血の海の幻覚に襲われ、精神病の前兆ではないかと思っていたが、一九一四年になると、すごい寒波がやってくるという夢を春から夏にかけて三度も見る。その夢の一つでは、ロレーヌ地方とその運河がすべて凍ってしまい、人が一人もいなくなってしまう。彼は自分一人の問題をそこに見ようとしていた。しかし八月に第一次世界大戦が勃発すると、突然彼に一つのインスピレーションがひらめいた。彼には彼自身の内的体験と、人類全体の問題が一致しているように思われたのである。

このような発想は、今から考えると、決して奇想天外なものではない。人間社会は一人一人の個人から成り立っており、もし個人の心に生じている問題に広い共通性が見られるなら、同じ問題は広く人類社会の問題としても現われてくるはずである。合理的にのみ考えても、大戦へと向かう状況を、彼の無意識がキャッチしていて、血や寒波の夢として現われたのだと解釈できるが、そうした合理的な解釈にとどまるのでなく、彼は個人心理と社会心理の間にさらに深い対応関係があるのではないかと考えて、自分や患者の夢をさらに注意深く観察していった。このような個人心理と社会心理の対応という問題を彼に最初に気づかせたのは、一九一三年の末に見た次のような夢であった。

「私は一人の見知らぬ茶色の膚の未開人と、淋しい岩山の風景の中にいた。ちょうど夜明け前で、東の空はすでに明るく、星かげはうすれつつあった。すると、私はジークフリートの角笛が山々に鳴りわたるのを聞いた。そして、私はわれわれが彼を殺さねばならないと知っていた。われわれはライフルで武装していて、岩の上の狭い山道に彼が現われるのを待ち伏せしていた。

すると、ジークフリートが、昇ってきた太陽の最初の光の中に、山の頂上に高く姿を現わした。

死人の骨で作られた戦車を駆って、彼はきり立ったような坂をすごいスピードでおりてきた。角を曲ろうとするとき、われわれは彼を撃った。彼はとびおち、撃たれて死んだ。(後略)」

この夢は考えれば考えるほど不思議なものであった。ジークフリートは北欧神話の英雄であり、それを題材にしたワグナーの『ニーベルンゲンの指輪』の主人公である。ワグナーのこの歌劇は多くのドイツ人に熱狂的なファンをもっていた。このジークフリートをユングはライフルで撃ち殺さなければならないというのである。彼はこの夢を理解できなかったが、彼の心はこの夢をどうしても理解しなければならないと感じていた。彼は考えに考えた末、突然、夢の意味がわかり出した。「なんだ、これは今世界で行なわれている問題ではないか」。ジークフリートはドイツ人がやろうとしていること、つまり自分の意志を無理に押しつけ、力づくでおし進むことを表わしているとユングは考えた。そのような英雄的な理想主義は棄て去らねばならないということが、ジークフリートを殺さねばならないことによって示されているのである。この夢はユングの自己批判であると同時に、世界の中でのドイツの態度に対するユングの批判を表わすものであった。こうして彼は個人の内面と、社会全体の状況との対応という問題に眼を開かれたのである。

ところでこの夢にはもう一つの問題が現われている。それは殺人の先導者としての「茶色の膚の未開人」の像である。この像は暴力的で原始的な心の中の性質を表わしており、これが殺人という行為を敢えて行なわせたものである。これは野蛮や暴力、残忍さといった悪の元型、闇の元型とも言うべきものであり、この元型に多くの人間が動かされると、恐ろしい事態になりかねないものであった。ところが、この元型は、戦争が終わっても、なおドイツ人の患者の夢の中にひんぱんに現われていた。大戦で痛い目にあっても、なおドイツ人の集合的無意識は暴力性の性質を示していたのである。そしてこれは後にナチス運動として爆発していき、ユングにますます個人心理と社会心理の連動を思い知らせることになるが、この点は後にくわしく述べよう。

## 東洋との出会い

一九一二年から始まった人格の分裂と危機の中で、ユングは「内なる他者」としての無意識と対決し、これを凝視していくのであるが、これは大いなる退行の時期であり、外面的な現実生活における休止・後退として現われざるをえなかった。彼は学問的な本を少しも読めなくなり、一九〇五年以来八年間も続けてきた大学の講師の地位も捨ててしまった。彼はほとんど論文も書かなければ講演もしないで、社会的なつながりは極度に少なくなり、孤独は深まっていった。彼は社会的な名誉としてのアカデミックな経歴を捨て、そのかわりに、無意識との対決という奇妙な実験の対象に自分自身を選んだのである。しかし彼は何か偉大なことが自分の中で起こりつつあると感じ、この感じに信頼を置いたのだと後に語っている。

この退行の時期は、しかし彼にとってきわめて創造的な時期であった。彼の一生にわたる創造的活動の、すべての問題意識の出発点はこの時期に得られた。この時期には、すでに述べたタイプ論の研究があり、それを通じて彼は人間の心の多面性を知り、いかなる立場も相対的であるという洞察を得た。また一九一八〜一九年にかけて、彼は多くの円形の絵を画いたが、それは後にマンダラと名づけられ、それは人間の心の多様性を統合する心の全体性を象徴するものであることが明らかにされていく。また彼は一九一八〜二六年ごろにグノーシス主義の研究を行なっているが、それはその中に無意識の世界との対決を感じとっていたからである。しかし当時はまだ自分とグノーシス主義者たちとの共通性をはっきりと自覚するにはいたっていなかった。このことを自覚させたのはリヒャルト＝ヴィルヘルムとの出会いであった。

リヒャルト＝ヴィルヘルムは若いとき、キリスト教宣教の目的で中国に渡ったが、彼の偏見のない精神は中国文化の優れた知的財産に魅せられ、深い理解を示し、ついに中国文化に同一化し、ユングが会ったときには「書き方やしゃべり方と同様に、外面的な態度も完全に中国人のように見えた。東洋的な物の見方と古代中国文化が、頭の先から足の先まで浸みこんでいた」というほどであった。この人が一九二八年に『黄金の華の秘密』(太乙金華宗旨)という道教の書のドイツ語訳を送ってきて、これに注釈を書いてほしいと書いてきた。ユングは訳の原稿を読んでみて驚いてしまった。そこに書かれていることは、彼が自分のマンダラについて考えていたことと、不思議なほどの一致が見られたからである。遠い異国の古い書物に書かれていることと、自分のイメージとが一致するという体験は、彼の孤独を破る最初の出来事となった。

この後彼は中世の錬金術の研究を行ない、錬金術の中にも人格の変容と統合のイメージが存在していること、そしてその目で見るとグノーシス神話の中にも同じ無意識の問題が現われていることに気づいていったのである。こうして彼は古今東西のあらゆる神秘主義において、西欧中世のヤコブ＝ベーメやマイスター＝エックハルトにも、インドのヨーガやチベットの仏教にも、また中国の道教や日本の禅仏教にも、無意識との対決という共通の問題が見られることを発見していくことになる。同じ問題はまた世界中の神話や昔話の中にも見い出された。それらの中には共通のイメージやテーマがたくさん発見されたのである。現代ヨーロッパの中で、自分にだけ、あるいは精神異常の患者の中にだけ存在すると思っていた奇妙なイメージが、そのつもりで見ると古今東西の高度な文化遺産の中に数多く見られるということは、同じ問題に昔から精神性の豊かな多くの人々が取り組んできたことを意味していた。この洞察は彼の孤独感をなくすと同時に、自分の選んだ道に対して自信と勇気を与えるものであった。

自分と患者と現代社会と過去の文化遺産の、この四者の心理的共通性を自覚した彼は、以後、無意識の解明にますます没頭していった。その中から明らかになってきたことは、太古からの元型が我我の中に依然として生きつづけており、我々の観念や行動に大きな影響を与えているということであった。我々が自分についてもつイメージや、自分と世界との関係についてもつイメージは、元型的なパターンにそって形成され、そしてそのパターンにそって行動が行なわれるのである。すでに明らかにしたように、この元型は人間に遺伝的に備わっているものであり、人類に普遍的なものであるから、あらゆる時代のあらゆる地域に見られるものである。この元型的な心の働きのパターンについて、ユングが明らかにしたもののうち、代表的なものについて、次に簡単に解説してみたい。

## 太母と英雄神話

世界中の英雄神話には多くの共通のモチーフが見られ、それが元型の現われであると考えられることはすでに述べたが、中でもとくによく見られるのは、成人した英雄が竜などの怪物と闘ってこれを倒し、竜の洞窟の中から指輪、玉、剣などの宝物やお姫様を得るというテーマである。たとえばギリシャ神話にはペルセウスが、頭髪が蛇でその姿を見ると石にされるという恐ろしい女神メドゥーサ（ゴルゴ）と闘って倒す話があり、日本にも八叉《やまた》のオロチと闘って倒したスサノオノミコトの話がある。ワグナーの歌劇『ニーベルンゲンの指輪』では、ジークフリートは竜と闘ってこれを殺し、洞窟の中から指輪と隠れ蓑《みの》を得、また竜の血をあびて鳥の話がわかるようになったため、神の娘ブリュンヒルデを発見して永遠の眠りから醒まして、彼女と結ばれる。

ユングによれば、この「竜との闘い」(dragonfight, Drachenkampf)は心理的には、自我が確立していく最後の段階で、太母と闘って、これから独立することを意味している。太母とは人類に普

**良い女神**　イシス（紀元前18〜20世紀頃・エジプト）

**悪い女神**　ゴルゴ（紀元前600年頃・ギリシャ）

遍的な「母なるもの」のイメージであるが、これは一方では産み育くむものというプラスの性質をもち、古来、美しい良い女神としてシンボル化されてきた。ところが太母は他方では子を愛するあまり、子の独立を妨げ、かかえこみ、はては呑みこむという性質をもっている。これはゴルゴとかインドのカーリといった悪い女神によって表現されるイメージである。竜などの怪物はこの悪い太母のシンボルと考えられるが、これとの闘いに勝つことが、最終的な自我の確立を示しているというのである。親からの心理的な独立が、なぜ闘いという形をとらなければならないのであろうか。

それは、人間とは子供を育て保護するという育児本能は生まれつき備わっているが、子供を独立させるという方法が生得的に備わっていないためではないかと私には思われる。さきにカワウソの母親が子供を攻撃して無理矢理独立させるという例を述べたが、人間の親にはそうした本能がなくて、逆につねに子供を保護し、心配し、かかえこむという本能が強い。そのために、子供が独立しようとすると、それに対して激しく闘わなければならなくなるのである。とくに思春期の反抗はなかなか激しい。このころになると、父親なり母親なりの、それこそ一挙手一投足がうとましく嫌いになり、ひどいときには父母の存在そのものが否定的に感じられたりする。

このような時期に親が子供に強く干渉したり、支配しようとすると、子供は母親に暴力をふるったり、はては殺すことになったりする。祖母を殺して自殺した高校生の事件は多くの人々に衝撃を与えたが、彼はノートに次のような文章を残していた。「祖母のみにくさは筆舌につくしがたい。そのみにくさは私への異常に強い愛情から来ている。つまり私をあまりに愛しているがゆえに私が精神的に独立し、これまでの幼児期のように自分の言うままにならず自分の影響範囲から離れていってしまうのがいやなのである。ここまではただいやらしいだけだが、祖母が私の精神的独立を妨害し、自分の支配下におこうとするための、さまざまな工作は、もういやらしいなどという段階を越えている」。これほどの洞察をもちながら、なぜ彼は本当に祖母を殺さねばならなかったのであろうか。彼の心理的な眼にはこの祖母は竜か鬼に見えていたのではなかろうか。愛の美名のもとに子供を支配下におこうとする本能が異常に肥大化し、子供の方ではそれを打ち破るだけの充分に強い自我が成長していないとき、親を憎むという竜殺しの心理的メカニズムは、子供が独立していく正常なメカニズムとして働かないで、実際に太母を殺してしまう結果をまねくのである。

このような悲惨な結果にならないために、人間は昔からさまざまの工夫をして、制度や儀式を案出してきた。たとえば武士の社会では息子が一六歳になると元服といって一人前の男として扱うとか、ある地方では息子が結婚すると「財布渡しの儀式」を行なって、親夫婦は隠居するというように、子供が大人となり、親から独立する過程で「太母殺し」が現実に実行されなくてもよいような工夫がなされていたのである。それらの制度は心的エネルギーがうまく流れる水路の役割を果たしていたのであるが、現代の合理化された社会ではそうした「古い」観念は非合理的なものとして捨てられてしまったために、心的エネルギーが統御されないまま、もろに噴射してきてしまうのである。我々は元型的な心のエネルギーの恐ろしさをよく認識し、そのプラス面を生かすような工夫を改めて行なっていかなければならない。

## 影＝闇の世界

意識が無意識から生まれ、自我が太母から自立するということは、明確な価値観の体系が出来上がることを意味している。世界は肯定されるべきものと、否定されるべきものとに、画然と分けられ、自我はつねに同一の価値体系に従って首尾一貫した態度をとることができる。これが自我同一性《アイデンティティ》の確立された状態であるが、自我の確立の過程はまた一面化の過程でもある。自我はプラスの価値と思いさだめた性質と同一化しようとし、また他人の中にそれを認めれば賞讃したいと思う。ところがマイナスの価値を与えた性質は、これを自分の内に見い出すと抑圧し、また他人のそれは否定するようになる。こうして否定されたものは暗闇の世界へ追いやられ、自分にはそのような悪いものはないと思いこみ、他人の中にのみそれを発見して、憎んだり攻撃したりするようになる。このような激しい嫌悪と否定の対象となっているものをユングは「影」と名づけた。

たとえば外向型の人から見ると、内向的な性質は、にえきらないとか、つき合いが悪いとか、生意気だとか、流行遅れの野暮だとか、要するに否定的な性質と受けとられ、批判の的となる。反対に内向型の人から見ると、外向的な性質は、軽薄で自分の考えがないとか、調子がいいだけで中味がないとか、という具合にやはり否定の対象となる。しかしその場合、否定している性質は、じつはその人が自分の中にもっているものであり、しかも自我の価値観によって否定して生活しているものである。それだからこそ、その性質をもっている他人や他の集団に出会うと、激しい拒絶や敵意さえ感じてしまうのである。このように自分の内で否定している性質を他人の中に見い出し、実際に相手がもっている以上に大きく、ひどく見えることを、投影と呼ぶ。投影は異なる政治集団の間でとくに深刻な対立をひき起こしやすい。右翼が日教組を不倶戴天の敵と見なす例を先にあげたが、社会主義国と資本主義国も、互いに相手を「アカ」「帝国主義」として激しい憎悪をぶつけ合ってきた。

ところで、自我の確立にともなって形成される影は、その個人がもっている個人的な価値観からみてマイナスと判断されるものであるから、ユングはこれを個人的影と名づけた。これはコンプレックスの一つということができる。ところが、個人的（またはその社会や時代に特有の）価値観に関わりなく、誰の心の中にも悪の元型とでもいうものが存在している。この「悪なるもの」は、具体的にどの性質が悪だというのでなく、この世には何かものすごく悪いものが存在していて、それと闘わなければならない、あるいは恐ろしくて必死に逃げなければならないように思われるものである。このような悪の元型をユングは集合的影と名づけた。

たとえば第二次大戦の直後までは、日本の農村では、部落の外は全部敵だという感じ方が非常に強かった。きだみのる『にっぽん部落』（岩波新書）などを読むとその感じがよくわかるが、部落の人間は「身内」であり、いざとなると何をおいても助け合うが、部落以外の人間は「よそもの」で、「よそもの」には騙《だま》そうが殺そうが、どんな悪いことをしてもかまわないとされる。「川向こうの奴ら」は敵なのである。戦前はお祭りというと、村の青年団の若い衆は、木刀までもち出して、隣村の若い衆とけんかをするのがつねであった。悪者のイメージが村の境界の向こう側に投影されていたのである。昔の村落共同体は、「悪」の投影を、このほかにも山の中の鬼や天狗として持っており、また部落の中にも代々「狐つき」の家というのがあって、人々からスケープ-ゴートの役割をになわされていた。そしてそのような無意識の中の恐ろしい性質を統御するために、いろいろな宗教的な儀式があって、暴れん坊の神様が穀物をみのらせてくれるようにする祭式などが定まっていたのである。

現代の人々はこのような非合理なものを、迷信や呪術として軽蔑し、現実に存在しないものとして扱うようになった。しかし鬼や悪神として投影されていた心の中の性質までもなくなってしまったわけではないので、この元型的な悪の原理は日常生活の中の何かに投影されることになる。たとえば近頃、小・中学生の間に、級友をしつようにいじめる傾向がふえているそうである。このいじめ方がまことに異常で、陰惨で暴力的でしつこいのである。それはまるで強迫的な力にあやつられているかのようである。「悪者」をやっつけるというのは、人間の心の奥底に組みこまれた本能的・元型的な心の働きであり、この元型に憑かれてしまうと、手近にある最も「悪者」のイメージを投影しやすい人間をしつように攻撃するようになるのである。したがって、いじめっ子は必ず何らかの、相手が悪いのだという勝手な論理をもっているものである。このように、昔は人間以外の鬼や天狗に投影していたものを、現代人は身近な人間に投影しなければならないために、数々の悲劇を生み出しているのである。我々は「悪への攻撃」という性質が無意識の奥深い元型的（生得的）なものであることを自覚することが必要である。

## アニマとアニムス

次に元型的イメージとして重要なものに、アニマ・アニムスがある。アニマは男性の心の中の女性像であり、アニムスは女性の心の中の男性像である。

自我が形成されるときに、自我はその社会の価値観によって影響をうけ、男は男らしさを、女は女らしさを要求される。どのような性質が男らしさ、女らしさと考えられるかはその社会や時代によって異なるが、一般的に言うと、男は強さや行動力・決断力、また強い精神力などであり、女はやさしさ、美しさ、こまやかさなどである。したがって男が感情におぼれて泣いたり、あるいは情におぼれて優柔不断であることは軽蔑されるのに対して、女が論理一辺倒になったり、強すぎたりすると嫌われることになる。一般に社会は男にロゴスを、女にエロスを要求しているといえる。この意味でも、自我を確立することは一面化することにならざるをえない。そうなると男性の場合には女性的とされる性質が、女性の場合には男性的といわれる性質が、無意識の中へ追放されることになる。この無意識の中へ追放された性質が人物像として現われてくるものがアニマ・アニムスである。ここでアニマとアニムスのそれぞれについて、その性質を少しくわしく明らかにしてみよう。

アニマは生き生きとした感情の原理であり、「花から花へ飛びまわり、蜜と愛によって生きる蝶のよう」だとユングは書いている。それはいたずら好きで誘惑する妖精のようでもあり、男性が現実生活の苦闘の中で忘れている生命力の源泉へと導いていくもの、「生の元型」である。男性が男

**アニマのイメージ**　上の絵はスラブ神話のルサルカで，ローレライのように舟人を死に導く。右の絵は，ヴァン＝アイクが描いた「聖母マリア像」である。

性的価値観にこり固まっている場合には、アニマはからかうような気まぐれ女であったり、またその妖《あや》しい魅力によって悪の世界へ誘惑し、ときにはローレライのように死に導くものであるが、しかしまた、男性に他の価値へと目を開かせる役割も果たすことがある。男性が否定していたり、知らなかったりする価値は無意識の中に沈んでいるので、アニマは男性にとって無意識の世界へのガイドであるとも言われるのである。アニマはその人の意識の状態に応じて、娼婦として現われたり、トロイのヘレンのように永遠の恋人として現われたり、また女神のように清らかな聖なる女性として現われたりする。聖母マリアや、ルソーの小説『新エロイーズ』の女主人公ジュリはその典型である。そしてついには思いもかけない「意味」や智恵を与えてくれる「智恵の女神」が現われることがある。このイメージは「意味の元型」とも言われ、すでに老賢者（後述）に近いものといえよう。

**アニムスのイメージ**
J.F. ケネディ

次にアニムスは女性の心の中の男性像であるが、これはたいてい、力と行動力にあふれたたのもしい男性として現われるか、それとも高い精神性をもって、知的な意味を与えてくれる老人などとして現われる。女性はこのイメージに対する憧れを強くもっており、このアニムスに憑かれると、借りものの公式的な意見を所かまわず押しつけることになりかねない。後者は女性的なエロスに対するロゴスの原理であり、本能的・身体的なものに対する精神的なものを表わしている。それに対して前者の「強い男性」のイメージは女性のエロスに対応して現われてくるようであり、エロスと関係をもっているように思われる。このごろの女性は昔ながらの家庭の主婦としての女性の役割に甘んじないで、外の世界で男性と同じように活躍したいと思っている人が多く、また教育の体系も男性的価値観によってロゴス原理が優先されているため、女性的な原理を抑圧している人が多いのである。こうした女性の夢にはしばしば傷ついたり、死にそうになっているアニムスが現われ、ときにはアニマではないかと思われるような美しい魅力にあふれた女性像が現われたりする。このことは現代の知的な女性が自らのエロスの原理をいかに抑圧させられているかを示すものである。このように女性が精神性に目覚め、それを追究することは、一方ではそれに憑かれ、操られてしまう危険と、他方ではエロスを失い、大切な本能や身体の感覚を失ってしまう危険をはらんでいるのである。これは女性の置かれた社会的地位の困難さを心理的な面でも示すものといえよう。

ともあれ、アニマ・アニムスは男性や女性が、あまりに男性的または女性的になりすぎたとき夢の中に現われたり、また投影されて現実の女性や男性に夢中になるという形で現われて、その人の心の片寄りを補償する役割を果たすものである。

## 女性の心理の独自性

ところで、ここまで読み進んできた女性の読者の中には、強い反発を感じた人も少なくないと思う。反発の一番の原因はおそらく女性と男性を違うものとして扱ってきたところにあると思われる。男も女も同じ人間であり、違いは社会的・歴史的に作られたものであるのだから、もともと「女らしさ」とか「男らしさ」とかがあるという前提で議論するのはおかしい、というのが、その人々の言いたいことであろうと思う。この点は大切なところなので、とくに若い女性の読者のために説明しておきたいと思う。

まずはっきりしておきたいことは、ユングはたしかに男性と女性の間に心理的に見て生まれながらに違いがあるという見方に立っているが、しかし両性の間の違いがすべて生まれながらのものだと考えているわけではないということである。父権制の（男性中心の）社会では、男性に都合のよいように「女らしさ」とか「女の役割」がきめられ、本来の女性の性質とはちがったものが「女らしさ」として押しつけられている面がある。これは後天的に作られた「女性らしさ」である。しかし他方において、生まれつきの違いというものも確かにあるのであり、身体的・生理的な違いにとどまらず、心の働き方や性質においても、男性と女性とでは、はっきり違いが見られるとユングは言う。そうした生得的とみられる違いも、じつは長い男性中心の社会が続いたために、女性が変えられてしまったものだと主張する人々もいるが、しかし父権制の時代は長い人類の歴史からみるとごく最近のわずか数千年という短い期間のことであり、その程度の時間では遺伝子を変えるほどの変化はなかなか起こらないのである。男と女に生まれつきの区別があるということは我々人類に与えられた事実である。

ただこの区別を父権制社会が差別に変えてしまったのである。そこで差別に反対する人々が区別そのものまでも否定したくなる気持はわかるのであるが、しかし心理的な面では、あるものを無いとして扱うと、必ず心理的な障害が現われてくるのである。ちょうど、生まれつき内向型と外向型の違いがあり、生まれつきの性質と反対の生活を押しつけられると障害が起こるように、女性に無理に男性と同じことを要求することは、どこかに障害が現われるものである。私のところにノイローゼや対人恐怖症に悩んで相談に来る女子学生を見ていると、女性性を不当に抑圧している人が多いのである（もちろんそれだけが原因ではないが）。男性と女性は違いがないのでなく、違っていても価値が同じであると考えるのが正しい立場ではないであろうか。

少しむずかしい問題になるかもしれないが、近代社会は人間をすべて同じものと見る傾向にある。つまり違いを捨象し、抽象的に人間を見るために、人間同型論に陥るのである。男性も女性もみな同じ人間ではないかというのも、この人間同型論の一種である。この近代的な見方は、たしかに封建社会の家父長的な男性優位を打ち破る上では一定の役割を果たし、男女同権をかちとることができた。しかし形式的には男女同権でも、中味を見ると男性的な価値観が支配し、女性が男性に同一化されてしまうことになったのは、近代的な人間同型論の落とし穴である。この落とし穴を免れるには、女性が生まれつき男性とちがう点を明らかにし、女性の得意な性質を明らかにし、女性独自の価値を打ち立てていかなければならない。その上で男性と女性が互いの価値を認め合い、対等につき合うことが望ましいのである。

もちろん、このような考え方は男性と女性との間についてだけ言うべきことではなく、根本的には一人一人の個人について言われるべきことであり、そうなるとまた男性とか女性の区別は意味がないと思われるかもしれない。しかし、人間全体が同じか、それとも一人一人でちがっているか、というように、いきなり飛躍して考えるのは正しい考え方とは言えないであろう。物ごとにはいろんなレベルのまとまりというものがあり、個々人の個性はもちろんあるにせよ、青年と老人の違いとか、西洋人と東洋人の違いとか、男性と女性の違いとか、そうしたいろいろなレベルの違いを考慮に入れていくことが大切なのである。

ここではとくに女性の心理の独自性について述べたが、それは現代社会で女性解放の問題にとくに関心が高まっているからであって、もちろん男性の心理の独自性についても全く同じことが言えるのである。というより、お互いが自分の独自性を自覚化し、相対化することが、互いの価値を認め合う必要条件であろう。

## 精神の元型

次に「精神」という元型について述べよう。精神の原理は現世的な世界に対立するものであり、肉体とか本能と反対のもの、あるいは欲望や情念といったものを否定する原理である。人間には現実的な欲望や衝動の世界から霊的な世界へと純化され、高まりたいという心の欲求があり、これは普遍的な元型的な心の働きと考えられる。

このような精神の元型は宗教的現象の中にたくさん見ることができる。仏教ではお寺はたいてい女人禁制であり、たとえば高野山は人里離れた山奥にあって、現世的煩悩を捨てて修業がなされる。女性を入れないというのは男性の立場から見て女性が現世的欲望のシンボルとみなされるからである。反対に沖縄には女性だけの祭式があり、この場合には女性だけが何日間か隔離された場所にこもり、男性をよせつけない。

古代ユダヤ教とキリスト教においても、この元型は無数に現われている。神を信ずる者は『創世紀』のアブラムのように、故郷の国を捨て、親族に別れ、父の家を離れなければならないし、イエスに従うものは父母との関係を断ち切り、すべての財産を捨てなければならない。日常的な自我と欲望の世界を離れて、モーゼの十戒に見られるような厳しい戒律に従い、あるいは修道院やピューリタン的生活に見られるような厳しい禁欲的態度が求められる。ヨーロッパ中世の神秘主義者たちはみな一様に人里離れた山の上や森の奥で一人で暮らしていた。

ニーチェもまたこの精神の元型に憑かれていた一人であった。彼の表向きの思想は、精神に対して身体や本能を重んじ、道徳や神を否定するものであったが、それにもかかわらず、いやそれだからこそ、彼の精神への憧れは異常に強かったのである。『ツァラトゥストラ』の冒頭には次のように書かれている。「ツァラトゥストラは、三十歳になったとき、そのふるさとを去り、ふるさとの湖を捨てて、山奥にはいった。そこでみずからの精神と孤独とを楽しんで、十年の間倦《う》むことがなかった」。彼は十年たつと人間界が恋しくなって山を降りてきて、そこで汚ない人間界をすべて肯定し包みこもうとするのであるが、しかしやはりときどきは「汚れなき泉」を飲み、きれいな空気を呼吸するために山頂に戻りたくなる。「人間界を離れること六千フィートの高み」というニーチェの言葉は、清浄と清潔に向かう精神元型の現われである。

この元型はまた男性的な激しさという性質ももっている。精神 Geist の原語はギリシャ語のプネウマであるが、これは風や吐く息であり、また息と同一視される体内の霊気・生気である。それは激しく吹くものであり、また地上を離れて高まり、純化するものである。このような激しさの感じは、ツァラトゥストラの激しさによく出ているが、また『旧約聖書』にも、エリアやモーゼが神にそむいて堕落した人間たちに激しい怒りを発して、恐ろしい罰を与えるところに現われている。

この元型は一般に賢者、医者、救済者、指導者として、またこの人々の教えの言葉、格言として現われ、総じて意味や智恵を与える者である。このイメージは「光の元型」とも名づけることができると私は考えているが、『ヨハネ福音書』の「はじめに光が輝いていた」という書き出しが、その感じをよく伝えている。イエス＝キリストのイメージはこの光＝精神の性質を強くもっているが、しかし他方人間の女性の身体を通って生まれてくるとか、またマリアという名のいろいろな女性と親しい関係にある（女人禁制でない）ところを見ると、次に説明する「自己」のシンボルに近づいているということもできる。

## 老賢者とマンダラ

さて、最後にユングが最高の段階を示すと考えていた「自己」という元型的シンボルについて考察しよう。人は人生の中でさまざまな元型に出会う。これまで述べてきたように「影」「アニマまたはアニムス」「賢者＝精神＝光」はその代表的なものであるが、これはいずれも意識的な自我の立場とは、何らかの意味で対立する性質をもち、日常的な自我の一面性を補償する意味をもっていた。我々はこれらの元型的性質を意識化し、自覚的に人格の中に取り入れ、統合するのが望ましいとユングは言うのである。これらの元型は必ずどの人の中にも生きているものであり、それに無意識でいると、知らず識らずのうちに、この元型に乗っとられ、操られてしまうのである。

ふつう人格というと自我の内容だけで理解されるが、これに加えてユングは悪や闇の性質、生命力の原理、そして精神の原理などを統合した人格のあり方を考え、これを「自己」と名づけた。統合するというのは、いろいろな対立する原理を、ときと場合に応じて、うまく使い分けることができるということであるが、ただし「使い分ける」といっても意識的に「使う」というより、自然にうまくいくという境地である。孔子が七〇歳になって「欲するところに従って則《のり》を越えず」と言った境地である。あるいはメフィストフェレスのような悪魔が必ずしも悪いとのみは言えず、思わず知らず善をなし、最後にはファウストが天上へ救われるのに一役買ったのだということを理解できるということである。自分の内なる悪を知った上で、悪と見られたものが時には善い働きをすることを知ることであり、しかし悪はあくまでしりぞけるのである。このような境地のシンボルの典型が老賢者とマンダラである。

老賢者は一方では意味と智恵をもつ精神的賢者・救い手であり「魂の教導者」であるが、同時にまた罪（悪）や女性的なものをも包含している。たとえばグノーシス主義の大聖者シモン＝マグスは遊里からつれ出した少女をつれていたとされるし、イエスは「罪の女」が足に接吻し、香油を塗るのを喜び、その罪を許す。

ユングの場合にはこのシンボルはやはり、はじめエリアとサロメのカップルとして現われた。エリアは『旧約聖書』の預言者で、神にそむく人々を激しい怒りで殺してしまうのに対して、サロメは囚われの預言者ヨハネに恋をし、自分の母への王の愛を利用してヨハネの首をはねさせ、その首に接吻するという、恐ろしい悪女である。この奇妙なカップルが夢に現われたとき、ユングは「全く肝をつぶしてしまった」と述べているが、よく考えてみると、どうやらエリアはロゴスの原理を、サロメはエロスの原理を表わしており、この夢は両者の結合を表わしていると感ずるのである。ところがその直後に別の老人の像が彼に現われた。この老人は牡牛の角と、かわせみのような翼をもち、一束の四つの鍵をもっていたが、これを彼はフィレモンと名づけた。フィレモンは異教的でグノーシズム的で、エジプト・ヘレニズム的な雰囲気をもっていたということであるから、恐らくユングは愛読書である『ファウスト』第二部の最後の方に出てくる、異教徒であるが信心深いピレモンとバウチスの老夫婦に近い性質を感じとっていたのであろう。この人物像は彼が勝手に作ったものでなく、この像が自分で自分を作り出して彼に対して現われてきたように感じられ、意識の限られた態度とはちがう、心の全体性を示すように思われた。エリアとサロメの

ユングのフィレモン像

ユングの描いたマンダラ

カップルで示されていたものが、今やフィレモンという一人の老賢者によって示されたのである。

次に、自己を象徴するもう一つのシンボルとしてマンダラを示しておこう。マンダラとはもともと仏教の冥想の道具として使われた円形の図であるが、これが現代人の精神障害の患者に現われるとき、著しい治療効果をもつことに注目し、研究を続けていくうちに、これもまた自己のシンボルであることにユングは気づいたのである。全体性のシンボルとしてのマンダラはたいてい四のテーマと組み合わされており、円の中が四分割（八分割）されていたり、また上下の関係や、光と闇の対立などのテーマを含んでいる。つまりこの円は、単に明るく、単に円満であるのではなく、内に対立を含み、悪や闇を含み、汚れや疵《きず》をもっていて、それらをすべて含んだ調和なのである。円のシンボルというと、日本人はとくに円満だとか、疵のない完全さとか、何の汚れもない「清き明《あか》き心」などを思い浮かべてしまう傾向をもつが、ユングのマンダラは決してそういう意味の完全性ではなく、影や闇を含んだ光であり、錆や疵をもった玉であり、そういう意味での全体性である。

## 塔の家

以上で元型の代表的なものを説明したが、これを補う意味で、非常にユングらしいところを表わしている一つのエピソードを紹介したいと思う。

すでに述べたように、ユングは三七歳の頃から、精神病の前兆ではないかと思えるような奇妙な幻想や夢に襲われ始め、不確実感と方向喪失感に悩まされた。このような危機に直面して、ユングはこれと真正面から対決し、むしろこれを利用して無意識の作用や性質を解明してやろうという気概をもって立ち向かっていった。彼は自分の幻想や夢を「黒の書」と名づけたノートに記録し、さらにそれらを「赤の書」にきれいに清書し、それに絵をそえた。このような作業を通じて、彼は自分の無意識を見つめ、それと対話し、解明していくことによって、その元型の理論を発展させていく端緒を得ることができたのである。彼はしだいに無意識に翻弄されることがなくなり、無意識はいっそう意識化され、意識と無意識の間に調和的な関係をもたせることができるようになった。しかしそれは言葉や論文では十分に表現できないと感じられ、自分の内奥の想いを表現できるシンボルを探し求めた。

彼の得た新しい境地を表現するものは、まず第一に石でなければならなかった。石は大昔から呪術的意味をもたされ、呪術的シンボルをきざむ最適のものであり、また子供がよく秘密の宝物としたり、錬金術師が最高の到達点を「哲学者の石」で象徴したように、何かどっしりした確実感を与えてくれるものである。彼は石で自分の家を建てたいと思うようになった。しかもこの家を円形の塔の形にしたいと思った。暖炉が中心にある石づくりの塔の家は、心の全体性の理念を体現しているように思われた。そして彼はこの塔を水のほとりに建てたいと思った。彼はつねづねチューリッヒ湖の北部の美しい風景に魅せられていたので、一九二二年にその湖畔のボーリンゲンに土地を買った。こうして一九二三年に念願の家が完成した（図1参照）。

この家についてユングは『自伝』の中で、「私が、この塔について抱いていたやすらぎと新生の感情は、でき上ったときから強烈であった。それは私にとって、母なる暖炉を意味するものであった」と述べている。心が求めている状態を自分の家で表現し、それも美しい湖のほとりに、しかも石で建てるなどというのは、我々日本人からみたらうらやましいかぎりであるが、彼はこれだけにとどまらず、心の発展に応じて、次々に心理的な意味をこめた増築をして、まことに個性的な「自分の家」を作り上げていくのである。

最初の塔が完成したときの安定と充実感はすばらしいものであったが、そのうち彼はまだ言うべ

| | |
|---|---|
| 図2 | 図1 |
| 図3 | |
| 図4 | |

きことを言い尽していない、何かが欠けているという感じをもつようになり、四年後の一九二七年に別棟をつけ加えた(図2参照)。それからしばらく経つと、また不十分だという感じに襲われ、独りで引き籠れる場所がほしいと思い、またも四年後の一九三一年にもう一つ小さい塔を増築した。この第二の塔は独りで瞑想にふけることのできる霊的集中の場であった。そして、さらに四年後に、彼は空と自然とに向かって開かれている、大きな空間が欲しくなり、湖に面して開廊をつけて、中庭をつくった(図3参照)。これはこれまでに建てた三つの建物の部分に第四のものがつけ加わったことを意味していた。四位一体は心の全体性を表わすシンボルである。

この構成について強いて解釈をほどこすならば、最初の原始的な塔は「母の胎内に思えた」とあるように自然で本能的な生を表わしており、次の部分は自我(意識)を、そして第三の小さな塔は霊的な生活を、そして第四の開かれた空間は世界との融合感を表わしているのであろう。まさしく塔の家の発展は彼の心の個性化の過程を忠実に反映していたのである。彼はさらに一九五五年に妻が死ぬと、「自分自身にならねばならないという、ある内的な義務を感じた」。つまり塔の家で言うと、二つの塔の間にある、第二に増築した部分が自分自身だと気付いたのである。そこでこの部分を二階建にした(図4参照)。彼は晩年にいたって初めて、「母性的」な部分と「霊的」な部分の間に隠れていた自我を高らかに示すことができたのである。「いまやそれは老年期にいたって達成された意識の拡張をあらわしていた」。

こうして彼はボーリンゲンの塔の家で本来の自分自身を得た。「ボーリンゲンでは、私は自分の本来的な生をいき、もっとも深く私自身であった」。「時には、まるで私は風景のなかにも、事物のなかにまでも拡散していって、私自身がすべての樹々に宿り、波しぶきにも、雲にも、そして行き来する動物たちにも、また季節の移りかわりにも、私自身が生きているように感じることがあった。塔のなかにはなに一つとして十年の歳月を経ぬものはなく、また私とのつながりをもたないものはなかった。そこではすべてのものが、私との歴史を共有し、その場所は引き籠りのための無空間的な世界なのである。

私は電気を使わず、炉やかまどを自分で燃やし、夕方になると古いランプに灯をともした。水道はなく、私は井戸から水をくみ、薪を割り、食べ物を作った。このような単純な仕事は人間を単純化するものだが、それにしても単純になるということはなんと困難なことであろう」。

**内なる先祖との結びつき**

ユングがこうした原始的な生活で獲得しようとしたものは、彼の言葉によると「逆行による改善」であった。それは「進歩による改善」よりは安価で永続性がある。というのは、それは過去のより単純で、確認ずみの方法によることができるからである。ユングは進歩ということを信用していなかった。未来の方がよくなるとか、未来に黄金時代が来るなどという幻想をもたなかった。現代人は原始時代や古代や中世を卒業したと思いこみ、未来の約束を目指しているが、目新しいものにとびつき、つねに満たされないでいらいらし、不満に悩まされている。それは我々の中に生きつづけている古いものを捨ててしまっている誤りのせいである。我々の心は身体と同じように、祖先たちがもっていたものと同じ要素から成り立っているのである。我々は過去を卒業したのでなく、太古のものは依然として力強く我々の内に生きている。「新しい」と思えるものは、太古からの普遍の要素の無限に変化する再構成なのである。

我々が内的な平安を得ようと思うならば、この太古からの本能的なもの、元型的なものを絶ち切るのでなく、逆にこれをよく見定め、これと結びつきを強め、これとの間に調和をはからねばならない。人間存在の元型的な根底は万人に類型的であると同時に、一人一人に対して個性的に現われるものである。我々は先祖からのものであると同時に自分独自のものである元型をよく認識し、これをできるだけ意識化し、この内なる先祖との間に調和をうちたてなければならない。これがユングの言う個性化であり、自己実現なのである。

## 五 自分の宗教・自分の神話

ユングの一生は無意識との対決の、無意識の解明の、そして無意識の自己実現の物語であるが、無意識の体験は内的体験であるから、それは必然的に宗教的体験と重なり合うのである。したがって彼が宗教についてどのような考えをもっていたかという問題は、ユングの思想を理解する上で決定的なキーポイントをなしている。と同時に、ユングのキリスト教論が最も多く誤解をうけ、また激しい反発と非難をあびせられたことからもわかるように、この点はユング理解の「躓《つまず》きの石」でもある。それゆえユングに関して宗教、とくにキリスト教について論ずることは非常にむずかしく、また大きな責任を伴うのであるが、しかしこの問題をさけて通ることはできない。これをぬきにしてほんとうにユングを理解することはできないからである。そこで話が少しむずかしくなることを覚悟した上で、正面からこの問題を取り上げてみたいと思う。

## 神はグロテスクだった

宗教と聞くと、ふだん宗教と縁のない人ほど、何か神聖なものとか、愛とか、崇高なもの、清純なものを思い浮かべるものである。また反対にすでに何かの宗教組織に入っている人々も、多くの人々は神とか仏は正義と愛と善のみをもっていると信じているようである。しかし少しでも本気で宗教の歴史を調べてみれば、世界中のいかなる神といえども、単純に愛と正義と善のみをもっているのではなく、他方ではまた人間には理解できない怒りや嫉妬や不正を働くものでもあることを認めざるをえない。

太古から人間は神を愛するよりは、むしろ恐れ敬ってきたのであり、神はなによりも恐ろしい存在であり、恐怖の対象であった。洋の東西を問わず、民間信仰においては、この神の破壊と不正をしずめ、なだめるためにこそ、いろいろな祭式・儀式が発達したのである。神への恐怖は神が人間の論理では理解できない理不尽な怒りと破壊を行なうところからくるが、その最も典型的な一つの例は『旧約聖書』のヤーヴェである。彼は人間には契約を守ることを要求しながら、自分の方は勝手に破ったり、人間に対して数々の不幸を与えてその忠誠ぶりを試したり、相当な暴君ぶりである。愛の宗教といわれるキリスト教では、さすがにそうした性質は表面からは消えているが、それでもイエスはときに神に対して「試《こころ》みに会わせないで下さい」と祈らなければならないように、神への恐怖の痕跡をいぜんとどめているのである。

神はこのように恐ろしいというだけでなく、また不気味でグロテスクな姿で現われることさえある。半人半獣であったり、怪物であったり、また祭られている御神体が動物であったり男根《ファルロス》であるなどということも稀ではない。そのようにみてくると、宗教体験がつねに神々しく美しく穏やかであるとはかぎらず、むしろグロテスクでぞっとするほど恐ろしく、また不気味で不可解な場合の方が多いことに気づかされるのである。そのように考えると、次に紹介するユングの三歳のときの夢もまた、宗教的な原体験に属するものであることが了解されるであろう。

夢の中で彼は牧場にいたが、ふと地面に穴を見つけて、階段を降りていった。地下に部屋があり、その真中にすばらしく見事な黄金の玉座があった。その上に何か木の幹のような大きなものが立っていた。それは皮と裸の肉でできていて、てっぺんには顔も何もなくて、まんまるの頭に似たものがあり、頭のてっぺんには目がひとつだけあって、じっと動かずに上を見あげていた。彼はそいつがいつこちらへ這ってくるかと感じて、恐ろしくて動けなかった。すると上の方から母の声がして「そう、よく見てごらん、あれが人喰いですよ」と叫んだ。その声が彼の恐怖を一層強め、目覚めると彼は汗びっしょりで、もう死ぬほどであった。それから彼は幾晩も、また同じような夢を見るのではないかと、恐ろしさで眠られなかったということである。

彼は後に、この夢が一生涯彼の心を奪うことになったと述べている。この夢は奇妙な夢ではあるが、しかしよく見ると人間の夢としては何か根源的で普遍的な感じがするのである。地下へ降りていくとか、黄金の玉座があるので、神様でも座っているかと思うと、神がいるはずのところにグロテスクなものが立っていて、しかもそれがものすごい恐怖を感じさせるという要素などは、案外ありうるという気がするし、ものすごく恐ろしい夢というのは誰でも経験をもっているものである。ユングの夢で特徴的なのは、このグロテスクなものがファルロスだと後に気づくのであるが、まだ大人のファルロスを知らない三歳の幼児がファルロスを夢に見たということと、このファルロスの化物がイエス像と重なっていったことである。

ユングはこの夢の以前から、主イエスに対する不気味なイメージをもっていた。彼の父は牧師であり、葬式があると黒い僧服を着て話をし、黒い山高帽と黒いフロックコートと黒い長靴をはいた黒づくめの男たちが、黒い棺をもってきて、穴に埋めるのであった。これは主イエスがこの埋められる人を自分の許に召されるのだと説明されていた。ところが彼は毎晩次のような意味のお祈りをさせられていた。それは「やさしい主イエスさま、翼をひろげて、あなたの子供を取って下さい、サタンが来て子供を食ってしまわないように」という意味のお祈りであった。

頭のよい、想像力の活発な子供にはありがちなことであるが、このお祈りと葬式についての説明が、ユングの頭の中で結びついてしまったのである。サタンに食べられないように子供たちを食べるイエスと、地面の穴の中に入れることはイエスがその人々を食べることだというイメージが重なり、そして夢に現われた地下にいるファルロスがそれと重なってしまったのである。彼には主イエスが愛とやさしさをもつことが疑わしくなり、ついにはうす気味の悪い、はりつけにされた、血だらけの死の神のように思われた。

このような想念はクリスチャンからみたらびっくりして飛び上がるほどに、恐ろしく瀆神的なものであり、悪魔にでも憑かれたとしか考えようがないであろう。まして彼の父は牧師であり、またユングのおじ八人までもが牧師であった。そうした雰囲気の中で、そんな話をしたらたいへんであることは幼いユングにもよくわかっていた。彼は晩年になるまで、この夢の話は誰にもしなかったのである。しかし神が単に愛と親切だけをもつのでなく、不気味で恐ろしいという想念は、キリスト教の文化圏でこそ悪魔的とされるにしろ、むしろ人類に普遍的なものであり、特別に病的でもなければ、奇妙なものでもないのである。むしろキリスト教の方が後に述べるように特別な奇妙な発達をとげているのだと言えるかもしれないのである。

ただユングの場合には、人類に普遍的であるとはいえ、それが特別に強く現われてきたことと、それが幸か不幸か特別に悪いものと扱われるキリスト教の中に生まれついたために、内面的に悩み、苦労しなければならない運命にあったのである。ユングの宗教体験はこれ以後も、不思議とキリスト教の正統的な教義に反するものとなっていく。そしてその葛藤の中から偉大な思想が生まれたのだとも言えよう。

少年ユングの宗教的な体験が、いかに正統的なキリスト教と反するものであったかを理解するために、もう少し例をあげてみよう。

## 教会を破壊する神

彼が十二歳のある晴れた夏の日に、彼は大聖堂の広場にいた。空は青く、太陽は輝き、大聖堂の屋根はぴかぴかに輝いて、すばらしい景色であった。彼は思った。「世界は美しく、教会も美しい。そして神様がこれらすべてを造り給い、青空のはるか彼方で黄金の玉座に腰かけていらっしゃる……」。ここまで考えて、あの穴のことが心に浮かんで息苦しくなった。これ以上考えると、何かとほうもない罪を犯しそうに思えた。彼は考えることをやめようと思ったが、考えは何度でも美しい聖堂と神の玉座のことに戻ってくるのであった。彼は何かよこしまなことを考えようとする意志はどこから来るのかと考え、アダムとイヴの原罪のことを考え、あれこれと考えぬいて、ついに彼らが罪を犯したのは、神の意志であったのだと考えた。つまり自分が罪を犯すなら、それは神の意志なのだと考えたのである。それで彼の気持は楽になったが、しかし本当のところ神が彼に何を望んでいるのか、わからなかった。

こうして彼はさんざん考えぬいた末、最後に神は「私に勇気を示すことを望んでいられるのだ」と結論した。彼は勇気をふるいおこして、考えの浮かぶにまかせた。浮かんできた考えとはこうであった。「私は自分の前に大聖堂と青空があるのを見た。神は地球の上のずっと高い所で、黄金の玉座に坐っており、玉座の下からはおびただしい量の排泄物が、きらめいている新しい屋根の上にしたたり落ち、屋根を粉みじんにこわし、大聖堂の壁をばらばらにこわすのである」。この考えが出てしまうと、彼は心が軽くなり、言いようのない救いを感じ、かつて知らなかったほどの幸福感を感じたと語っている。

神が排泄物を落として大聖堂を壊すなどという考えは、正統派のクリスチャンからみたら、神に対する許しがたい侮辱であり、瀆神の大罪とみなされるであろう。ユングも罪の意識のために三日三晩の間苦しみぬいたのである。しかし内面からつき上げてくる想念についに打ち克つことができず、伝統的な道徳からすれば大きな罪を犯したのである。しかしそれは罪ではなく、むしろ彼には神の啓示と感じられた。教会を破壊する神、これこそが直接的で生きた神であったのだ。このような神は、牧師である父が一度も経験したことのないものであった。彼の父は『聖書』が規定し、教会で教えられたとおりの神を信じていたのである。しかしユングを襲った神のイメージは教会で教えられた神とはちがっていた。しかも彼はこうした神のイメージやファルロスの夢は、決して彼が発明したものでないという強い確信をもっていた。自分の意志より強い意志が彼にこれらのイメージを強いたと彼は感じていたのである。

彼の意志より強い意志とは、後に彼が明らかにしたとおり、元型の働きである。彼は幼いときから、集合的無意識の働きが強く、それは№２としてつねに彼にも意識されていたが、ときにこのような異端的なものとしても彼に襲いかかってきたのである。彼はその後も、たとえば堅信礼のための教育を父から受けたときも、父の教授は何の感動も、何の興味もひきおこさないばかりか、彼の多くの疑問に何一つ答えてくれない不毛なものであった。それに対して、あの聖堂を壊した神は彼にとって最も確実で直接的な体験であり、神の恩寵の感情をもたらすものであった。彼にとっての神は、こうしてはじめから直接的な、内面的な体験としてのみ存在したのである。

## 内的体験と信仰告白

のちにユングは宗教について論じた諸論文『人間心理と宗教』(浜川祥枝訳日本教文社)や『現代と未来』(『ユングの文明論』松代洋一訳、思索社、所収)などにおいて、本当の意味の宗教とは何かという問題について次のように論じている。宗教 Religion のラテン語の原語は religere であるが、これは「慎重に観察し、顧慮する」という意味である。つまり宗教の本来の意味は「ヌミノースム」を慎重に観察し、味わい、内的に体験することである。「ヌミノースム」とはドイツの神学者ルドルフ＝オットーの命名であるが、これは非日常的超越的な、戦慄するほど恐ろしいものや魅惑的に美しいもの、あるいは神々しいものを指している。このような圧倒的な力をもつものを、精霊とか悪霊あるいは神と名づけようが、また理想・理念あるいは衝動と名づけようが、そのような威力や恵みや危険性について十二分に経験し、顧慮すること、あるいはその偉大さや深い意味を十二分に味わった末、それをおそれ敬ったり、愛したりするようになること、こうした内面的な体験が本来の意味の宗教と呼ばれるものである。要するに宗教とは神に対する、または解脱の道に対する、個人の内面的・直接的な関係にかかわることがらである。

それに対して、よく宗教的なことだと思われていながら、本来の宗教とは異なるものに「信仰告白」Konfession がある。信仰告白とは、自分がどの神を信じているか、あるいはどの教義の立場に立っているか、どの教会（組織）に属しているかを、社会に向かって告白し、宣言することであり、それは内面的体験とは関係のない「物質的なことがら」である。信仰告白の立場は教義や儀式を制度化し、体系化して確実なものとしようとし、ついには内面的な宗教的価値や意味は、伝統的な教義を基準にして測られるようになる。組織や教義への忠誠が重んじられ、それと異なる内面的体験を語ろうものなら、悪魔的だとか、分派活動だとか、狂信的だとされるようになる。この基準に従って、正統と異端の違いが画然と決められ、異端と宣告されたものは、物質的に絶滅され、生存さえも許されなくなってしまうのである。

もちろん信仰告白も、はじめはヌミノースムの体験から出発しており、ヌミノースな体験をもたらすものと考えられた神への信頼、恐れを出発点としていたのであるが、一方ではその体験を制度化して確実で手に入りやすいものにしたいという動機と、他方では神や制度への忠誠心や党派性の方が重んじられるようになると、これはついには内的体験としての本来の宗教に敵対するものに変化してしまうのである。この違いは、ユングが自分と、やさしいが気の小さい父親との間に見た違いでもあった。

## 正統と異端

こうした対立は、じつはキリスト教や仏教のように、よく発達した救済宗教といわれるものには、いつの時代にもつねに存在した対立であった。たとえばキリスト教の歴史には、異端論争がつねについてまわっているが、そこで正統派とされた側は客観主義と呼ばれ、異端とされた側は主観主義と呼ばれている。この呼び方は、正統派が教会とか正規に任命された聖職者による秘蹟のわざだけが救いをもたらす、つまり制度を通じた恩寵のみが有効だと考えたのに対して、異端とされた人々が聖職者の内から発するわざのみが有効だと考えたことに由来する。前者は「事効論」、後者は「人効論」と呼ばれるが、「人効論」という名前は誤解を呼びやすいので、注意が必要である。つまり後者は聖職者が真の内面的主体的神体験をもっていること、そしてそのためには彼がそれにふさわしい人間的資質をもっていることを重視したのである。したがって、この対立は、一方が聖職者を道具としてなされる神の客観的わざを重んじ、他方が人間の行なうわざを重視したというものではない。主観主義といわれる人々は決して神より人間を上に置くという思い上がりに陥っていたのではなく、彼らもまた神の客観的わざを重視していたのである。両者の違いは神のわざが客観的制度を介してなされると考えるか、それとも真の信仰者という人間を通してなされると考えるかの違いであった。

この対立は三、四世紀のドナティスト論争に始まって、中世の教会改革運動を経て宗教改革にいたるキリスト教史の重要なモチーフをなしている。中世のグレゴリウス改革などの多くの改革運動は、ほとんど清貧と禁欲を重んじる修道院から起こっており、客観主義による教会の堕落に対する主観主義の側からの批判に端を発していた。宗教改革もルターの「信仰のみ」の考え方から始まったのであるが、プロテスタント側もやがて教会の組織を重んずる立場が主流を占めていく中で、教会と職業としての牧師を否定する多くの教派を生み出していくことになる。メノナイト、メソジスト、クエーカーなどの、いわゆる再洗礼派と呼ばれる人々であるが、この人々もまた古代・中世の異端と基本的に同じ主観主義的な「人効論」の立場に立つものであった。

この立場の特徴を典型的に示しているのはクエーカーの集会のありさまであろう。クエーカーは職業的な牧師を認めない点で最も徹底していたと言われている。つまりこの人々は信者の集会において、特定の説教者をもたないので、皆が集まると全員が沈黙のまま神に祈りをささげ、黙想をする。そのうち、ある人に聖霊がくだり、神の霊を感じた人が、その言葉を語るのである。彼らが制度を通じて与えられるものではなく、内的体験によって与えられる直接的な神体験をいかに重んじていたかを示すものである。

この例からもわかるように、この人々は人間的次元において、すなわち人間の恣意的な意識的な作りものとして神の体験をもっていたのではない。このような誤解は主観主義とか人効論という名づけ方と関係があるが、しかし彼らは逆に、矮小な人間に圧倒的な力をもって落ちかかってくる客観的な力を感得し、それに従うこと、つまりまさしく「ヌミノースム」体験をこそ、真の信仰と心得ていたのである。彼らが求めていたのはユングの用語で言えば、元型的なものを自分の内面において直接的に体験することであった。

**不条理な神、ヤーヴェ**

古代から近代におけるキリスト教の異端は、客観的な制度による救済を否定したが、しかし彼らはそれに対して決して人間の主観的な善や、あるいは人間的な主体性を対置したのではない。むしろ逆に人間の意志とは独立の客観的な神の意志が、個人の善き資質を通してのみ現われると考えていたのである。したがって、これもある意味では客観主義であって、個人に対して自律的で超越的な神が考えられていたのである。ただし彼らの神もまた正統派と同じく善のみの性質をもち、すでに著しく一面的な性質をもっている点が注目されなければならない。

もともと元型的体験としての神は善悪両面をもつのが特徴である。というより、善悪という価値判断を越えていると言う方があたっている。そうした道徳基準をもたないところの一つの自然現象のようなところがある。つまり道徳とか善悪というのは意識の立場からの判断であるが、元型的な神像は無意識の直接の現われなので、正義とか道徳に従わない性質をもつのである。

このような「無意識」の性質を典型的に示しているのが、『旧約聖書』の中のヤーヴェである。ヤーヴェはたとえばダビデに対して契約を守ることを厳しく要求し、自らも契約を破らないと誓う。

もしその子孫がわがおきてを捨て、
わがさばきに従って歩まないならば、
もし彼らがわが定めを犯し、
わが戒めを守らないならば、
わたしはつえをもって彼らのとがを罰し、
むちをもって彼らの不義を罰する。
…………
わたしはわが契約を破ることなく、
わがくちびるから出た言葉を変えることはない。
わたしはひとたびわが聖によって誓った。
わたしはダビデに偽りを言わない。
（『詩篇』第八九章、三〇〜三五）

しかし、これほど断乎として誓っておきながら約束を破ったといって、ヤーヴェは次のように非難されている。

しかしあなたは、あなたの油そそがれた者を捨ててしりぞけ、
彼に対して激しく怒られました。
あなたはそのしもべとの契約を破棄し、

彼の冠を地になげうって、けがされました。（同前、三八〜三九）

ここには、人間に対しては厳しい道徳を要求しながら、自分の方は道徳や正義を人間に対して守ろうとしないヤーヴェの姿があざやかに描かれている。さらにこの歌い手は次のようにヤーヴェに抗議している。

主よ、人のいのちの、いかに短く、
すべての人の子を、いかにはかなく造られたかを、
みこころにとめてください。（同前、四七）

これは遠慮深い柔い表現になっているが、はっきり人間の言葉に翻訳すれば、「苗〔人間〕がよく育たないのは、自分のせいなのに、そんなに怒るのは、ほんとうにひどいよ」ということである。ヤーヴェは人間のことを「地上の劣悪な壺」だというけれども、それを作ったのはあなたではないですか、という抗議である。

このようなヤーヴェの矛盾は、『ヨブ記』において頂点に達しているとユングは言っている。『ヨブ記』ではヤーヴェはヨブの忠誠を試そうとして、サタンを使ってヨブにあらゆる不幸を投げかけ、苦しみに陥れる。ヨブはあくまで契約を守り、正しくあったのに、こんな不幸をうけるおぼえはないと言いはるのに対して、神はそれには答えず、地上のあらゆるものと同じように、お前は私によって造られたものであり、チリ同然のものなのに、全能の私と争い、神と論争しようなどとは

言語道断だといって、ただ力をもってねじふせてしまうのである。ユングはヤーヴェが正義の立場に立っているのでなく、力を誇示しているのは明白だと述べている。

このようにヤーヴェは理性的には理解できない、不条理な性質をもっており、矛盾に満ちた存在である。この性質に対して、キリスト教の解釈は、これが人間の浅はかな考えでは測ることのできない神の偉大な摂理を表現しているのであり、人間的な次元の道徳的基準で判断してはならないのだと考えてきた。しかしユングはヤーヴェ像が、たしかに人間の意識の次元とは異質の性質を示しているけれども、それは何か深淵な、または至高のものを示しているのではなく、無意識の性質そのままを示していることに注意をうながしている。無意識の元型的な力は、もしそれが意識化され、意識的な統制が加えられないときは、ただ圧倒的な力をもって迫ってくるものであり、善悪を越えた自然力のような性質をもっているのである。それはまるで古代の暴君のように、相手としての人間を必要としながら、それでいて人間にいらだち、嫉妬し、そして怒り、迫害するのである。人間の意識の次元では理解できないこの不条理のゆえに、ヤーヴェは恐ろしい神である。ヨブは元型的な無意識の、善悪を越えた恐ろしさを体験したのである。

## 元型としてのイエス像

このように『旧約聖書』の神は無意識と同じ性質をもっており、それに対して意識の側を代表しているダビデやヨブは、その非倫理性とショッキングな暗黒面を認識したとはいうものの、その圧倒的な力に屈服し、全面降服してしまった。それに対して、『新約聖書』の神は、その性質が著しく変化していることは誰の目にも明らかである。この神はすでに一方的に人間を裁く神ではなく、愛の神であり、自分の子を犠牲にして人間の罪を許す神であり、人間を救済することを最大の目標とする神である。この変化はイエス像の出現と深い関係がある。イエスがつかわされたのは人間を救うためであり、人間との間に和解をうちたてるためである。つまりユングの見方によれば、イエスは集合的な無意識であるヤーヴェと、意識の立場に立つ人間との間を仲介するのである。したがって、イエスは無意識と意識の統合である「自己」を表わしているということになる。

もっともこの場合にもユングの解釈は正統派キリスト教の解釈とは驚くほどの違いを見せている。正統派によればイエスの十字架による死は、人間の罪を背負って、その罪を贖うものであるが、ユングによると、それは逆に神の側の不正に対する償いであるということになる。イエスの十字架上の苦しみは、これまで神によって人間に与えられてきた不当な苦しみを自らも味わうためのものであり、それによって人間との間に和解が成り立つのである。それは無意識の意識化であり、それに伴う苦しみを表わしている。イエスの出現は意識化の過程が飛躍的に進んだことを示しているのである。

しかし、意識化が飛躍的に進む段階で、それに伴って一つの強力な元型が現われることに注意しておかなければならない。それはすでに説明した「精神＝光＝救い主」の元型である。人間は意識化の過程で、この元型に襲われ、憑かれる危険をもっているのである。『新約聖書』のイエスもまたこの元型の性質を強くもっている。『ヨハネ福音書』の冒頭には「初めに言《ことば》があった。……この言に命があった。そしてこの命は人の光であった。光はやみの中に輝いている。そして、やみはこれに勝たなかった」とあり、この光がこの世に来てイエスになったとされている。イエスは闇に対する光のシンボルである。それだけでなく、悪に対する善であり、肉に対する霊であり、現世的な富、権力、名誉等々に対する超現世的な救いを表わすものである。これはまさしく「精神＝賢者」元型の現われと見ることができる。

人間の意識がこの元型に憑かれ、この段階に固定化されることは、せっかく意識化が進みはじめた段階で、意識が再び無意識にとらえられ、呑みこまれてしまうことを意味している。そうなると人間の発想や行動が教条主義的となり、状況にかかわりなくステレオタイプ化した態度をとるようになってしまう。イエスが批判したパリサイ主義の危険は、イエスの性質の中にすでにひそんでいるのである。その危険をまぬがれるには、人間は「精神」元型への一面化に対して、身体性や女性性や、また悪＝暗闇の原理に対しても目を向け、その問題と真剣に対決していかなければならないとユングは言うのである。

この観点から見るとき、イエス像の中に、微妙な形で身体性と女性性の原理が取り入れられているのを我々は見ることができる。それはイエスがマリアに宿り、マリアから生まれたという点である。それは女性であるマリアの肉体を通じて、肉体をもった人間として神が現われたことを意味しており、ここには対立するものの結合の原理が見られる。つまりユダヤ教が単純に精神性や男性性にのみ片寄った性質をもっていたのに対する補償が、このような形で現われたのだとユングは解釈した。要するにイエス像の中には、精神性と身体性、男性性と女性性、意識と無意識、神と人間といった対立するものの統合への可能性が見られるのである。もちろんこの対立はまだ充分なものとしては現われていない。というのはマリアはあくまで受動的で、ただ神の側の一方的な意志によって身ごもり、また彼女の神性はあくまで否定されている。ということは対立する両者のうち、女性性・身体性の側は、もう一方に対して対等の地位を獲得していないことを意味している。これが完全に対等なもの同士の対立となり、その上で両者が統合されるならば、そこに「自己」のシンボルが現われるであろう。ユングはイエス像の出現の中に、このような意味を読みとっていたのである。

### キリスト教の一面性

ところがイエス像のもつこの両面性は、原始キリスト教の制度化とともに失われていき、「精神」元型のもつ一面性に次第に支配されていく傾向を示すことになる。すなわち異端論争に正統派が勝利し、その理論的支柱として教父哲学が確立されていったが、この教父哲学こそはイエスの出来事を一面化して固定化する役割を果したのである。こうした教父哲学の性格を示すものとしてユングが好んであげるのは「最高善」の理論と、「三位一体」論である。

「最高善」Summum《スムム》 Bonum《ボヌム》とは、神は最高の善であり、悪の要素を全く含まない純粋な善である。したがって、この善のみという性質をもった神が創造した世界の中には、悪が存在するはずがない、という考え方である。このような考え方は、『聖書』において、悪の原理をすべてサタンにおしつけて、神の性質としては何らの悪もないと考えた神観をさらに徹底したものであって、神は光であり善であるというイメージを極端化したものということができる。

ところが、この考え方に立つとき、困った問題が出て来た。というのは、いかにこの世に悪があるはずはないと言っても、現実に悪と思われる事実がいくらでも見られるからである。そこでこの困難を解決するために「善の欠如」privatio《プリヴァティオ》 boni《ボニー》という理論が考え出された。つまり、悪と見えるものは、じつは善の劣っている状態、または善の欠如している状態であって、決して悪が実体として存在しているのではないというわけである。それはちょうど、闇というものそれ自体が存在しているのではなく、それは光が欠如している状態であるのと同じであると言われた。このような見方が、すでに述べた「光元型」に支配されたものであることは明らかであろう。人がこの元型に憑かれると、悪とか、本能性とか、現実の世俗的なものは少しも重要でない、影のうすいものに感じられ、そうしたものを軽視、蔑視するようになる。この傾向は三位一体論にもはっきりと認められる。

三位一体とは、父なる神と子なるキリストと、この両者を結ぶ聖霊の三者が一体であるという理論であるが、しかしこの三者を同一の神の現われと見ることは、イエスの受肉という教義との関係で微妙な問題をはらむものであった。というのは受肉したイエスは神であると同時に人間でもあるが、その場合神である方に重点をおくか、人間でもある点を重視するかによって、三位一体の解釈に違いが出てくるからである。正統派のアタナシウス派は父と子は「同一本質《ホモ・ウシア》」をもつと考え、キリストの神性に重きをおいたのに対して、異端とされたアリウス派は父と子は「類似の本質《ホモイ・ウシア》」をもつにすぎないと主張し、キリストの人間性を重視した。この論争で前者が勝ったということは、イエスの人間性よりも神性が重視されたということであり、それはユングの見方によれば、人間のもつ意識性が元型的無意識の前に後退したことを意味していた。この考え方に立つと、イエスの受難は神の側からの一方的な救いの業《わざ》であり、そこには人間の側の、したがって意識の側の役割は何ら認められないことになる。イエスの業は歴史上一回限りのものであり、人間が救われるためにはその一回限りの出来事を信ずる以外にないことになる。これはユングの立場から見れば、意識が無意識に同一化する以外に道はないということになってしまうであろう。これはユングの考え方である、意識と無意識、人間と元型的な神との間の、相互の協力と調和による統合という思想に対立するものであった。

三位一体論において、もう一つ問題になるのは、その中に身体性や女性性の入りこむ余地がないということである。ユングには対立する二つのペアーの二組、つまり四者による統合によって望ましい全体性が成形されるという見方があり、三者による全体性には何か欠けたものがあり、そこには不安定要因がふくまれていると考えられている。それでは三位一体論に欠けているものは何であろうか。ユングによれば、欠けている四番目のものは女性性または身体性、あるいは悪の原理である。これらの性質を備えたものによって補われて四位一体となるとき、キリスト教の神観念は安定した全体性をもつことができる。この第四の要素を示すのが聖母マリアのイメージであるが、マリアはキリスト教の正統派によってほぼ一貫して、その神性が否定されてきた。つまりマリアは三位一体からつねに排除されてきたのである。

ところが正統派の教義の歴史だけを見ると排除されてきたマリア崇拝は、キリスト教の歴史全体として見ると、決して排除されておらず、それは民衆の中に根強く生きていたことがわかる。中世を通じて十字架のキリストの代わりに聖母マリアを聖体として信ずる民衆は多く、それは現代になっても後退するどころか、むしろ力を強めてきたのである。そして、マリアが肉身のままに天にあげられ、神性を与えられたとする「聖母被昇天」の教義は、民衆の側の請願としてローマ法王庁に押しよせ、ついに一九五〇年、法王ピオ十二世は「聖母被昇天」を公認の教義として公布するにいたった。ユングはこの事実をキリスト教史における画期的事件と受けとり、これを契機に大論文

『ヨブへの答え』を書いている。この教義が民衆の自然発生的な請願として現われてきたことは、ユングから見ると、キリスト教世界全体の心理的な流れの方向を示すものであった。つまりそれは専門の聖職者たちの一面的な片寄りを補おうとする無意識の心理が、民衆の請願として現われたと考えられるのである。

**グノーシス主義への傾倒**　以上かなりくわしくキリスト教正統派の客観主義について説明してきたが、こうした性質をもつ宗教が、ユングの幼いころからの内的な宗教的体験とは、およそ相容れないものであることは、もはや明らかであろう。ユングの宗教に対する考え方は、異端として迫害された人々のそれに、むしろ近いものであった。必然的に彼の関心は、古代キリスト教と激しい闘争の末、物理的にも絶滅されていったグノーシス主義や、また中世ヨーロッパで白眼視されながら細々と続けられた錬金術へと向いていった。そしてこれらの中に、彼は自分の思想との多くの類似点を発見することになる。

まずグノーシス主義の中にユングが何を見たのかを明らかにするために、グノーシス主義の神話を簡単に紹介しよう。それは次のようなものであった。

≪まず天上界にあたるのがアイオーン界（またはプレローマ界）であり、これは永遠であり、霊的生命力に満ちあふれている。ここにプロパテール（原父）がいて、この存在からいろいろな神的存在が流出する。そして最後にソフィアという女神が生まれるが、彼女は「知りたい」という欲望の罪を犯してプレローマの外に追放される。

追放されたソフィアは、プレローマの外でデミウルゴス（ヤルダバオト）という悪神を作り、このヤルダバオトは物質界を創造する。つまりこの世を、そして人間を創造する。こうして人間は悪神によって物質から造られたものであるから、初めから罪深い肉的なものとして造られたかに見える。ヤルダバオトは自分が誰に造られたかを知らず、また自分達が造ったものの原型が何であるかも知らないので、自分が万物の支配者だと思っているわけである。

ところが、じつはヤルダバオトが人間を造るときに、ソフィアが人間の中に秘かに霊的な要素の種子を入れておいたのである。それゆえ人間の中には生まれながらに神的なものが潜在していることになる。このことを認識することによって人間は全き霊的存在になることができる。この直感的な認識がグノーシスである。≫

以上がグノーシス神話のあらましであるが、この神話に現われた特徴をキリスト教正統派の教義と比較してみると、次のように整理することができよう。

まず神の世界を見ると、創造神が悪神とされているのが目立っている。この悪神のまたの名はデミウルゴスであるが、この言葉はもともと造る人の意であり、手工業者をも意味している。ユダヤ教―キリスト教の伝統の中ではこの手工業者層が高く評価され、この階層特有の合理的思考が優越しているし、それゆえにまた創造神が最高の（または唯一の）神となる傾向にあるが、グノーシス主義では物を造ることは物質界にかかわることであり、汚れたこととされるのである。それに対して、この神の上にいるのが母性的な性質をもった女神ソフィアである。彼女は一方では悪神を造るが、他方で人間の中にそっと霊性の種を入れるという両面的性質をもっている。彼女は自身も欲情によって一度は堕落した経験をもつ。このように神々の世界が善悪両面をもつ点は、キリスト教の神が「最高善」であり、悪をもたないとされているのと顕著な対照をなしている。そして最高の天上界はグノーシス主義においては、善悪の区別なく、把握しえず、見えもせず、生まれもせず、大いなる静寂と沈黙の中にあり、それでいて生命に満ちあふれているというのであるから、これは老子の「道」の世界とほとんど同じであると言うことができる。この点においてグノーシス主義は西洋的合理主義ではなく、東洋的神秘主義と基本的に同じ性質をもっていると言える。

次に人間観について見ると、グノーシス主義では、人間は生まれつき、先天的に神的なものを所有していることになる。この神的な核または種子はソフィアによって蒔かれたものである。つまり人間は一方では物質から作られた肉体をもつという低劣な性質をもち、また悪神ヤルダバオトによって悪い性質に造られ、物質界の悪に支配されている存在であるが、他方においては、その肉体の中にアイオーン界に属する霊性の種子を隠している。こうした人間の両面的なとらえ方は、キリスト教が人間を原罪によって完全に罪の中に陥っていると考える見方とは著しい対照をなしているのは明らかであろう。しかもキリスト教では罪に陥るのは人間の意志によるのであるが、グノーシス主義では悪として造られたのは、人間自身はあずかり知らぬことなのである。ユングは、この肉の身体の中に隠されている霊性の種子こそ、深層心理学的に言うと、無意識の中に眠っている「全体的人間」のシンボルであり、つまりは「自己」への可能性を指し示すものだと理解した。

第三に救済観について見ると、グノーシス主義は、この隠された霊性の核を「救い主キリスト」であると考え、このキリストを「認識《グノーシス》」によって知り、肉体の暗闇から救い出すことによって、自身もまた救われると考えた。つまりここには、キリスト教のように神の一方的な行為によって人間が救われるのみではなく、人間の側からも、隠されているキリストを認識し、救い出すことが必要であり、キリストと人間とは互いに救い救われる関係にあるとみなされている。これを深層心理学的に見れば、人間は自分の無意識の善悪両面を知り、その善きものと互いに協力し合いながら、真の救済を得ることになる。意識と無意識の協力と統合が理想と考えられているのであり、これはユングの思想と基本的に一致する考え方である。

第四に、以上のような人間観、救済観に立つかぎり、グノーシス主義だけでなく神秘主義一般に言えることであるが、救済とは各人において繰り返し起こることであり、人間一人一人が個人的・主体的・内面的に体験する事柄である。ただし、すでに述べたように、この体験は、個人的・主体的という言葉から誤解されてきたように個人の意志や意識による恣意的な体験ではなく、意識がヌミノースな無意識と出会うという運命的な体験である。こうした観点から見ると、たとえば『聖書』に見られたイエスの受肉と受難の事実も、各人が模範として従うべき、一つの救済の範例と見なされ、救済の事実は各人において永遠に繰り返されるとされる。それに対してキリスト教正統派では、イエスの出来事は一回限りの歴史的出来事であり、この一回限りの事実によって人類が救われるとされる。救いは各人の一生において一回ごとに完結するのではなく、全体としての歴史の中で実現すべきものとなる。歴史は救済史となり、その中で神の国が実現すると考えられるにせよ、最後の審判の時が来ると考えられるにせよ、各人はそのことを信ずることによって救いへと約束されることになる。各人の主体性は信ずるということだけに限定され、認識《グノーシス》といった意識的活動はむしろ人間の思い上がりであり、罪であるとされる。

以上、四点にわたって整理してみたように、グノーシス主義はユングの思想と一致するところが非常に多く、彼は一時グノーシス主義に熱中し、一九一六年に彼自身の神話とも言うべき『死者への七つの説教』を書いたときにも、その内容のみか用語や命名の多くをグノーシス主義から借用するほどであった。しかし当時はまだナグ・ハマディ文書が発見されておらず、グノーシス主義に関する資料はごく限られていた。そこで彼は同じ思想をもつ、もう一つの異端、錬金術の研究に没頭していくことになる。

## 錬金術師が求めたものは

われわれは学校の理科の授業などで、錬金術とは中世ヨーロッパで金を化学的操作によって作り出そうとしたものであり、今から見ると不可能なことにうつつをぬかしていたのだと教えられてきた。今では金は物質を混ぜ合わせたり、熱したりという化学的処理では作り出せないものであることが科学的にわかっているからである。そういう馬鹿げたことをやっていた人々のことを、どうしてユングが本気で研究したのであろうか。

ユングに言わせると、錬金術師たちは、化学的な実験を行なっているときに、本気で金を作り出そうとしていたのではなく、じつはある種の心的体験をしていたのであり、彼らには本物の金を作り出すより、その心的体験の方が大切だったのである。もちろん本気で金が出来ることを期待していた人々もいたかもしれないが、今に残っているラテン語の錬金術の文献を書いた優れた人々は、「われらの求める黄金《こがね》は世の常の黄金にあらず」と書いているように、むしろ作業の中に宗教的な体験を求めていたのである。つまり、物質を混ぜ合わせたり、溶解させたりする中で現われてくる色や形やプロセスに、自分の内面的な体験を投影しながら、その作業を通じて次第に高い境地に至るのを理想としていたというわけである。そして金とはその心理的宗教的な最高の状態を表わすシンボルにすぎなかった。それゆえ錬金術師たちは、金のほかに、「哲学者の石」とか「永遠の水」「生命の霊薬」などという言葉を用いて、その最高の状態を表現しようとした。

このように、この世の自然現象などの実際の事象の中に、何か別のイメージを読みとるというこ

**ニグレドの状態**　暗黒の世界への下降・死を表わす。心理的にはメランコリーの状態であり，神話では「夜の海の航海」にあたる。

とは、人間の心理に本来的に備わっている働きのようである。われわれは雲や火の形を見て、象や犬や木に見えると言ったりするが、中世の錬金術師たちも、フラスコの中の物質が変化していく有様の中に、そうしたさまざまのイメージを見たのであろう。とくに彼らにとって、その作業は物質の中にひそんでいる神的・霊的なエキスを抽出する過程と考えられており、神的な次元にかかわることと思われていた。彼らは人里離れた場所に実験所を建て、そこでたいていは妻だけを助手にして、孤独のうちに作業を行なった。作業の前には祈りと冥想を行ない、神にふさわしい正しい心をもって実験に入っていったのである。このような孤独と冥想によって、人は無意識の中へ降りていくものである。ユングの見方によれば、錬金術師たちはその作業の間を通じて、無意識の奥深い内容を見つめ、それと交流し、対決していたのである。それはまさに無意識内容の投影体験であった。

この投影体験はいろいろに表現されているが、一つの典型的な例をここで紹介しよう。それは全過程を「黒化《ニグレド》」「白化《アルベド》」「赤化《ルベド》」に分ける。「黒化《ニグレド》」とは物質を混ぜ合わせて、腐敗させたり、火で熱していない状態である。これは実際にも汚ないものであるが、心理的に言うと、この段階はメランコリーの状態であり、無意識の中の悪やエロスのどろどろした暗黒の世界へ降りていった体験である。神話ではこれはしばしば英雄が体験しなければならない「夜の海の航海」として描かれる。彼は怪魚に呑みこまれ、その腹の中で、地獄の火に焼かれたり、死ぬほどのひどい苦しみに会う。新しい生へと生まれかわるために、彼は一度死ななければならないのである。錬金術ではこの段階は「死」（モルティフィカティオ）とか「腐敗」（プトレファクティオ）とも呼ばれている。

次に「白化《アルベド》」とは作業の過程で「白色チンキ（液）」や「白色土」などと呼ばれる白い物質が出来上がってくる段階である。これは心理的には沐浴や洗礼によって心が洗われ清らかになった感じに対応している。錬金術師たちは、これは死に際して肉体をぬけ出した魂《アニマ》が再び肉体と合一し、生返った状態を表わすものとみなしていた。英雄神話でも、怪魚に呑みこまれるなどの「夜の海の航海」をした英雄が、真暗な魚の腹の中から出て、昼間の世界へ蘇った瞬間の、喜びにあふれた、すがすがしい感じとして描写される。同じ感じはニーチェの『ツァラトゥストラ』の「日の出前」の章にもよく表現されている。夜が明けて、光が満ちてきて、神聖で清らかな感じがみなぎってくるのである。錬金術師のなかには、これが最高の目的だというほどに高く評価する者も多かったとユングは述べている。しかしこれは銀ないし月の状態にすぎず、これはなお金または太陽の状態にまで高められねばならない。

すなわち「赤化《ルベド》」に至ってはじめて日の出となり、最高の太陽の状態に達する。この太陽の状態

図3

図1
図2

**対立物の結合**　これらの図は錬金術の最高の段階，対立物の結合を表わす。図1は王と女王の，図2は王と聖職者の合体，図3はヘルマフロディテ（男＝太陽と女＝月の合体）を示している。

とは、単純に月に対する太陽と考えられているのではなく、月と太陽の結合、王と女王の結婚のシンボルによって表わされているように、対立物の結合と考えられていた。あるいはそれはしばしば男性原理と女性原理が一体となった「ヘルマフロディテ」（両性具有的存在）として、また霊界と俗界の結合を表わす聖職者と王の合体として示された。これは心理学的に見れば、「黒化」における現世的な世界や闇の世界の体験と、「白化」における霊的な再生との体験とが結合して、第三の新しい、より高い境地が実現したことを意味している。したがってこれがユングの「自己」の状態にあたることは明らかであろう。

このように見てくると、錬金術師たちの内的体験が、ユングの言う「自己実現」の過程に見事に一致していることに驚かされる。ユングが一生をかけて錬金術の研究に従事したのも当然であろう。その成果は全集第十二巻の『心理学と錬金術』(二冊)や第十四巻『結合の神秘』(三冊)として結実している。とくに後者を晩年に完成したとき、彼は大きな満足を味わったらしく、『自伝』にも「かくて、私の務めは完了し、仕事はなされた」と述べられている。錬金術はユングの心理学が明らかにした内的体験が現実に存在していたということの証明を意味しており、その意味で彼にとって決定的に重要なものであった。

## 神話としての宗教

以上述べてきたことから、ユングの思想がキリスト教正統派とは対立し、異端とされたグノーシス主義や錬金術などの神秘主義思想と同じ性質をもつことが明らかになったと思う。そこで、そのことが何を意味しているかということについて、ここで整理しながら明確にしておきたいと思う。

はじめに述べたように、ユングにとって宗教とは、どの組織に属するとか、どの神を信ずると宣言することではなく、すぐれて内的体験にかかわる事柄であった。しかし人間はその内的体験をシンボル化して表現し、それによってその体験を明確にし、確認し、また再現しようとするものである。そのシンボルはいろいろな神の像として表わされたり、またその神を中心にした物語や世界像の姿をとって表現される。つまりそれは神話として表現されるのであり、その中に、この世がいかに出来上がったか、どんな構造をもっているか、またその中で人間はどのような位置を占め、どんな意味をもたされているか、等々が示されている。神話には人間がどこから来て、どこに行くのかという、人間存在の意味が啓示されているのである。この意味で宗教とは神話であるということができる。

たとえばキリスト教には、唯一絶対の創造神によるこの世の創造、人間の堕罪とイエスによる救い、そして最後の審判と神の国の実現という神話があり、またヒンズー教や仏教においては、前世から現世、そして来世へと永遠に無常な世界を輪廻転生していかなければならないが、それから解脱して不変の平安な生を得ることが救いとされる。あるいはゾロアスター教では光の神と闇の神が争っており、前者が優勢になるとこの世に正義が行なわれ、後者が勝つとこの世には悪と不正がはびこるとされる。もちろん神話はこのような大雑把なものでなく、その中に美しい女神像とか、恐ろしい地獄の有様とか、羊飼いとしてのやさしい救い主とか、救い主が迫害されるとか、あるいは神にして人なる救い主の肉を食べて神と一体化するとか、神が奇跡をなすとか、三位一体の観念とか、そうしたありとあらゆる元型的なシンボルを伴って、雄大なストーリーを形成していくのである。ユングはとくにカトリックのミサについての重要な論文の中で、パンとワインをキリストの肉と血とみなし、それを食べるという儀式は、超日常的なものとの合一の内的体験をシンボル化したものであり、人類に普遍的な体験を表現したものであると論じている。

さて、このようにして内的宗教的体験は、人類に共通な元型的なものを中核にして、次第に儀礼や制度や神像として、体系化され、制度化・固定化されていくことになった。その典型が中世のキリスト教の正統派である。そこではすべての神話は教義や制度として確立し、その客観的な体系にそって個々人の生と死の意味が既成のものとして与えられる。個々人は自分で新しくそうした体験を求める必要はなく、生まれながらに属する教会の中で、そのときどきに決められた体験が与えられるのである。こうした客観化の過程は、キリスト教のように大規模でなくても、あらゆる民間信仰においても同様であり、人々はたとえば春に種をまく前には、田や畑の神様を祭り、供え物をし、その荒ぶる力を鎮めて、作物を実らせてくれることを祈る。そうした祭や儀式は、心理学的に見れば、個々人の内面に存在する、おどろおどろしい力を宥和し、生産的な活動へとエネルギーを集中させる働きをしていたのである。それは民衆の心を安定させ、自分の力では内面の元型的なエネルギーを処理しきれない人々にとっては、安全な防御壁を意味していたのである。

ところが、そうした固定化したシンボル体系に合致しないイメージをもち、しかもそれが非常に強い人々がいたとしたらどうであろうか。彼らはその平均的なシンボル体系では満足できないし、またそれとの対立に悩まなければならない。彼は結局自分の独自の道を歩まねばならないであろう。これまで見てきた異端といわれた人々は、まさしくこのような運命を担った人々であり、近年においてはニーチェやルソーがその典型である。そしてユングその人もまたそのような人生を生きた人であった。

このように見てくると、正統派やその制度の中に安住している民衆と、異端とされた人々との違いが、どちらが正しいとか間違っているとかいう問題でないことは明らかであろう。一方は客観化されたシンボル体系にちょうどマッチしたイメージをもっているか、あるいは自分のイメージがそう強くなく、既成のもので満足できるのに対して、後者は自分独自のものがあまりに強いので、既成の枠にはまり切らないで、自分自身で自分にマッチする神話を探し、作っていかざるをえないのである。いずれが正しいとか、優れているとか、偉いとかいうべきではなく、一人一人が自分に適した選択をすればよいのである。

### 神話を追放したプロテスタンティズム

いま、既成の神話に満足できる人と、できない人という分類をしたが、現代という時代は、既成の神話どころか、神話そのものを信じない人が非常に多くなっている時代である。それは自然科学的な合理的な思考法が支配してきたためであるが、この傾向に大きな影響を与えたのがプロテスタンティズムだとして、ユングは次のように論じている。

もともと中世キリスト教の正統派からカトリシズムに至る系譜の中には、元型的なシンボルが豊富に見られたのであるが、このシンボルは制度化され固定化されるにつれて、呪術になっていく傾向があった。つまり、もともとは内的体験の表現であったシンボルや儀式は、そのうちにその儀式を行なうことによって恩寵が得られるというように、救いのための原因と考えられるようになっていった。このように原因と結果の関係として考えられていながら、そこに合理的な実証の入りこむ余地のないものが呪術であるが、これこそ合理的な精神の持主であったプロテスタントの批判の的になったところであった。

プロテスタントにとっては全知全能の神は人間の限られた知力では推し測ることのできない存在であり、それがどんな姿をしているとか、どんな意図をもっているとかは、人間が知ることはできないはずである。したがって勝手に神の像を描いて礼拝することも、また儀式を行なって恩寵を得ようとすることも、神に対する冒瀆であり、人間の思い上がりの罪と考えられた。要するに、神についてのイメージは、直接に描かれるにせよ、儀式として祭られるにせよ、呪術であり、思い上がりであるとして追放され、偶像破壊の対象とされていったのである。

その結果何が起こったか。これまで教会制度の中でドグマや儀式によって形を与えられ、その水路にそって流れていた深層のエネルギーは、野放しのまま直接に個々人を襲うことになった。とくに人間の運命は永遠の昔から定められているという予定説によって、人は自分の努力によっても、また神の業によっても救われる可能性はなく、もちろんそれを得る儀式も否定されている。ここからプロテスタントの安らぎのない良心、罪に対する敏感な意識が生まれてきたのである。こうして制御されえない不安感が生じ、それから逃れるために彼らは禁欲的な労働にかりたてられることになった。

このようにイメージ・神話を否定することによって根底的な不安に襲われるという構造は、合理化した現代人すべてにあてはまることである。現代人はあらゆる神話を非合理的な迷信として追放した結果、元型的な非合理的な自分の無意識の内容に、直接向かい合わなければならない。これは恐ろしいことであると同時に、またすばらしい直接的宗教体験をもつ精神的可能性をもっていることでもあるとユングは述べている。

## 自分の神話

宗教改革に始まった合理化の波は、自然科学の発達とあいまって、啓蒙的合理主義としてヨーロッパを支配し、ついで全世界を覆わんとしている。合理化の嵐は、非合理な無意識のエネルギーの水路となるべき、神話という型を追放してしまった。生き生きとしたイメージはせいぜい詩や芸術や童話の中に、それも細々と生きているにすぎない。しかし現われとしての神話がなくなっても、そのもとになっている人間の心的エネルギーがなくなってしまったわけではない。元型的なエネルギーはもともと無定形で自律的であり、容易に自我のコントロールに服さないものであり、しばしば暴力的で残忍なものである。

このような恐ろしいものを自動的にコントロールしてくれるものが神話としての宗教体系であったが、そうした既成のものを、そのままの形で丸ごと信ずるには現代人はあまりに合理主義的になりすぎてしまったのである。それゆえ我々は必然的に自分の神話を自分で見つけていかざるをえない運命を与えられていると言えよう。自分で自分の神話を発見するといっても、もちろん、やみくもに手さぐりするというのではない。我々の前には、古来からの多くの優れた神話の遺産が残されている。それらの中から自分の無意識の性質にピッタリするものを探し出し、それと交流する中で、自分の神話を形成していくことができるであろう。そうした営みこそ、ユングが一生をかけてなしとげていったものである。その一端を我々は『死者への七つの説教』や、また塔の家のエピソード、そこで石の記念碑を自分で刻んだ話（後述）、そして錬金術の研究の中に、かいま見ることができる。彼の一生は彼独自の神話を形成していった一つの手本として、我々に多くの教訓を与えてくれるのである。

ここで本当はユング自身の神話ともいうべき『死者への七つの説教』の内容を紹介するのが一番よいのであるが、それは初心者には少しむずかしすぎると思うので、もっとユング理解が進んでか

エマ（72歳）

ら取りくんでもらうことにして、ここではユングの「死後の生命」についてのイメージを一つ紹介してみよう。

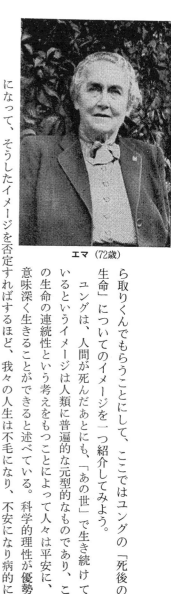

ユングは、人間が死んだあとにも、「あの世」で生き続けているというイメージは人類に普遍的な元型的なものであり、この生命の連続性という考えをもつことによって人々は平安に、意味深く生きることができると述べている。科学的理性が優勢になって、そうしたイメージを否定すればするほど、我々の人生は不毛になり、不安になり病的になるのである。そうした病的な合理性を排除しさえすれば、たとえば「死後の世界」についても、誰にでも元型的なイメージが浮かび上がってくるのである。

ユングの「死後」についてのイメージは、なるほどユングらしいと、なんとなくほほえましい感じのするものである。彼のイメージの中に出てくる死者は、よくあるような、偉大な知識の所有者ではなく、知りたがっており、問いかけてくる者であった。つまり死者は死ぬときまでに獲得した意識しかもっていないので、死んだのちにも、なお一層の意識の拡大を求めて努力し、生きている者から教わろうと問いかけてくるのである。こうした「死後の魂の発達」というイメージについて、彼は妻が死んだ後に、こんな夢を見た。夢の中で彼は死んだ妻と南仏のプロヴァンスで丸一日をすごしたが、そこで彼女は聖杯の研究をしていた。ユングの妻エマはユングの研究のよき理解者、協力者であり、また自らもフォン＝フランツ女史と共同で聖杯伝説の研究を行ない、大著をあらわしている。そのような一生をかけた大研究を、「私の妻が、その死後も、彼女のよりいっそうの精神的発展のために研究し続けているという考えは、私にとっては意味深く感じられ、安心感を与えてくれるものであった」と彼は語っている。

このような他愛もない想念を堂々と語るというのは、この他愛もないと思われるものこそ、ほんとうは人間の生にとってこの上なく大切なのだという確信があってのことである。この言葉には、彼の死んだ妻への限りない愛情や、死んでからも精神の発展のために努力し続けているという考えなど、ユングの人間性の特徴が鮮やかに現われていると思われる。

# 六　文明批判とナチス論

これまでユングの思想をいろいろな面から解明してくる中で、しだいに明らかになってきたように、彼は西欧的な現代文明の原理に真向うから対決し、批判し、別のあり方を探求したのであった。この問題は彼のナチス論とも重要な関連をもつので、ここで改めて明確に確認しておく必要がある。

ユングは無意識という問題を通じて、西欧の文明や宗教のあり方が一面化され、化石化され、病的になっていることを明らかにし、それによって西欧文明のあり方に深い疑問を感じるようになっていったが、それと並行して彼の気持の中で、一度でもよいからヨーロッパを外から眺めたいという望みが強まっていった。彼は機会をとらえてはアフリカやアメリカやインドに旅をして、そこにヨーロッパとはちがう人間のあり方、心のあり方を観察した。その体験の中で彼は、非ヨーロッパの、とくに未開人とか土人とか呼ばれる人々の中にこそ、むしろ人間の本当の正しいあり方が存在しており、その大切なものをヨーロッパ人が失ってしまっていることを強く感じていくのである。

そのような感じのよく現われている例として、彼が北アメリカのプエブロ－インディアンのもとに滞在したときの体験を見てみよう。

## 太陽の息子の気品

ユングはニュー－メキシコのプエブロ－インディアンの一つの村落を訪ね、その酋長と長い間語り合う機会をもった。ここは海抜二三〇〇メートルという台地であり、まわりには四〇〇〇メートル級の山がそびえていた。ユングと酋長オチュウィエ＝ビアノとは、屋根の上に腰をかけて、太陽を眺めていた。ビアノは太陽を指して「そこを行く太陽が我々の父ではないだろうか。そうでないと誰が言えよう。他に神が存在するなどと。太陽がなくて、なにが存在できるだろうか」と言った。彼らにとって太陽は神であり、太陽について語るとき、彼は打ち克ちがたい感動を示していた。最後に彼は次のように語った。「つまり、われわれは世界の屋根に住んでいる人間なのだ。われわれは父なる太陽の息子たち。そしてわれらの宗教によって、われわれは毎日、われらの父が天空を横切る手伝いをしている。それはわれわれのためばかりでなく、全世界のためなんだ。もしわれわれがわれらの宗教行事を守らなかったら、十年やそこらで、太陽はもう昇らなくなるだろう。そうすると、もう永久に夜が続くにちがいない」。

このとき、ユングは一人一人のインディアンにみられる、悠然とした落ち着きと「気品」のようなものが、何に由来するか分かったと語っている。彼らは太陽の息子であり、太陽の、つまり生命全体の保護者の、日毎の出没を助けているのであった。神の圧倒的な働きかけに対して完全に応答できるという、神との対等な関係が、人間に威厳をもたせ、誇りを懐かせるのである。このような「意味」のある生活に対して、ユングはヨーロッパ人の「生の貧しさを意識せずにはおれない」。「知識はわれわれを豊かにはしない。知識は、かつてわれわれが故郷としていた神秘の世界から、われわれをますます遠ざけてゆく」と述べている。自分の神話をもつインディアンに対して、合理化によって神話を失った人間の貧しさが浮き彫りにされたのである。

オチュウィエ＝ビアノは白人を評して「白人がいかに残酷に見えることか」と言い、「白人たちはいつも何かを欲望している。いつも落ちつかず、じっとしていない」。「彼らは気が狂っているのだと思う」と言った。これを聞いて、ユングの脳裏には、征服にうき身をやつしたローマの将軍たちや、十字軍の略奪と殺戮の光景、そしてコロンブスやコルテスなどのスペインの征服者が浮かんできた。彼らは火薬や剣や拷問やキリスト教をもって、父なる太陽のもとで平和に夢みていた、このプエブロ－インディアンのところまでもやって来たのである。ヨーロッパ人の眼から「異教徒への宣教」「文明の拡張」と呼んでいたものは、残忍な猛禽類の顔であり、海賊、野盗などの悪人の顔であった。

未開人とか野蛮人と呼ばれてきた人々こそ、人間としてよほどましではなかったか、これがプエブロ－インディアンの部落を訪れてユングが考えたことであった。このごろでこそ、西部劇でインディアンを悪者として描いてきたことに対する反省がなされたり、また文化人類学の方面では未開人はそれ独特の文化をもつのであって、決して「未開」ではないということが問題にされるようになってきている。しかし、それを早くも一九二〇年代に見抜いていたということは、ユングの文明批判のなみなみでない深さを感じさせるのである。それでは、彼はどのように現代文明を批判したのであろうか。

## UFOの魔法の幻灯

ヨーロッパ近代の世界観は、自我とか理性といった、合理的なものを中心に世界が成り立っていると考えている。合理的な意識的な人間を中心にすえて、それが世界を支配していると思いこんでいるのである。ところが、次のようなユングの夢は、そうした世界観に根本的な反省を迫るものをもっている。

ユングはあるとき、空飛ぶ円盤が飛んできた夢を見た。それは一つのレンズになっていて、その背後に金属の箱——魔法の幻灯——があった。それは六、七〇メートルの距離に静止して、真直ぐに彼に向かっていた。彼は驚きの感情とともに目覚めながら、次のような考えがひらめいた。「われわれは空とぶ円盤がわれわれの投影であるといつも考えている。しかし、今や、われわれが彼らの投影となったのだ。私は魔法の幻灯から、C・G・ユングとして投影されている。しかし、誰がその器械を操作しているのか」と。

この夢において、C・G・ユングは主体として自由に行動できる自我ではなく、投影され操作されている客体にすぎない。このような非主体性の感覚こそ、ヨーロッパの合理化の歴史が抹殺してきたものであった。そこから生まれたのが、合理的な科学的理性によって世界を征服できるという思い上がりであったのだ。もちろんこの夢は人間の主体性を否定することを意味しているのではない。ユングは他方で、次章に述べるように、意識と自我の強さを非常に大切なものと考えていた。しかし、人間はしょせん幻灯で写されているだけのようなものではないかと考えてみることは、自我とその理性を過信している現代人に貴重な反省を促すことになろう。

もちろんこの魔法の幻灯にあたるものが何であるのか、ほんとうのところはわからない。それが自然の摂理なのか、神の意志なのか、あるいはユングの言うように「自己」というものであるのか、誰にもわからない。しかし何か宇宙全体を司る理法といったものがあり、我々の合理的な理性はその一部にすぎないことだけは確かであろう。ユングは「合理性は生命力を犠牲にして得られたものである」と述べ、また次のように言っている。「批判的な理性が優勢になればなる程、人生は不毛なものとなる。しかし、より多くの無意識や神話を意識化することができる程、われわれの人生は統合度の高いものとなる。過大評価された理性は、そのもとでは個人が貧困化されるという意味で、絶対主義国家と同じである」。

われわれ現代人は合理的に説明のつくものだけを大切にしたために、イメージの世界を追放し、また本能の根から自分を切り離してしまった。しかし、そうした非合理的なものも含めた全体的な視点を、われわれは回復しなければならない。レンズを通してC・G・ユングを投影している向こう側の幻灯器こそ、その全体的な視点を暗示するものであろう。合理主義的な理性はまた古いものを軽蔑し、新しいものにばかり眼を向けていこうとする。そこでは未知のものへの好奇心、ファウスト的な探求心、向上心が最も価値あるものとされる。前へ前へと進んでいくこと、つまり進歩が価値あることであり、進歩によって人間はつねによい状態になると考えられている。しかし実際は逆であって、「われわれは、進歩という奔流に身を投じたが、その進歩のわれわれを未来へと流し去る力が狂暴であればあるほど、われわれをますます根こそぎにしてしまう。ひとたび過去が破られると、つねに過去は絶滅され、前進運動を止めるものがなくなってしまう。しかしまさにこの過去との連関の喪失、根絶が「文明の不快」を生ぜしめ、また……現在に生きるよりは、むしろ未来に、黄金時代という架空の約束のなかに生きるという混乱とせっかちを引き起こすのである。われわれは目新しいものへと性急にとびこみ、物足りなさ、満たされぬ思い、いら立ちなどの感情のたかまりにかり立てられる」。

この言葉の中に、われわれは進歩主義に対する痛烈な批判を読みとることができる。科学的な理性は幼稚で迷信的な中世、古代、原始時代を完全に卒業したと思いこんだが、人間の心に関する限り、われわれの内には過去がすべて生きているのである。われわれの心は、体と同じように、祖先

石碑とそれを彫るユング

たちがもっていたのと同じ要素から成り立っている。たとえば元型的な心の働きは、決して過去の残滓《ざんし》ではなく、現に生きて働いており、人間の発想や行動を支配しているのである。そういう過去との連続性、永遠的なものを認知し、内なる先祖とのつながりをわれわれは回復しなければならない。「内的な平安と満足とは、個人に生れながらに具っている歴史的家族が、はかない現在の状況と調和するかどうかに、大いに左右されるのである」。

　このような考え方から生まれたのが、あの「塔の家」であり、そこでの原始的な生活であった。彼はそこで「幾世紀かを同時的に生きているよう」に、また「幾世紀にもわたる静かな大家族がこの家に住んでいるよう」に感じたと語っている。彼はこの家の庭に石で記念碑を作った。四角の石に自分にとって意味のある図柄を彫刻し、気にいっているラテン語やギリシャ語の言葉を彫った。彼は石工の組合に入れてもらい、そのことを無邪気に喜んでいたそうであるが、この作業も正規の石工の衣服を着て行なったそうである。この無邪気さは、自分自身の神話を表現する喜びと、そして石に寄せる思い――悠久の不変性への感動――を表わすものであったろう。これを子供っぽいと軽蔑できるのは、近代科学が子供っぽいとして葬り去ったものの中にこそ、人間が生きる上で大切なものが含まれていたことを理解しない人だけである。

**ヴォータン元型と秩序元型**　以上に述べたことから明らかなように、ユングが現代文明を批判したのは、現代人が意識や理性のみを過信し、合理主義・科学主義・進歩主義に陥っているからであり、そこから来るひからびた一面性と教条主義に毒されていると思われたからである。ユングがこうした現代人の危険な一面性と、その一面性への偏りがもはや爆発点に到達しているということにいち早く気づいたのは、彼が心理療法家として、人々の内面に深く関わり、そこに起こっていることを見抜いていたからにほかならない。

すでに述べたように、彼は第一次世界大戦のころから、患者の無意識の中に、残酷なものや暴力的なものが、たくさん出てくることに気づいた。それどころか、自分の夢の中にも、それは戦車を駆って疾駆するジークフリートの姿をとって現われた。第一次世界大戦の大規模な暴力と思いあわせると、これは何か、ヨーロッパ人の心の中に、とてつもない力が動き出しているように彼には感じられた。そしてその性質が、ゲルマン神話の神ヴォータンの性質と同じであることに気づかされたのである。

ヴォータンとは嵐の神、突風の神、猟人神であり、熱狂と陶酔の性質をもち、心の中の暴力的な性質を表わすものである。それはゲルマン気質の根底にある野蛮なものの表現であった。それは他方では力強い男性的なものであり、男性的な生命力の根源をなすものでもあった。つまりそれはディオニュソス的なもの、ニーチェのツァラトゥストラに男性的な活力を与えている元型的なものであった。このようなものが、暴力的なものとしてドイツ人の無意識の中で成長し、ついにはナチズムのような熱狂的な行動に駆りたてるようになったのはなぜであろうか。それは一つにはキリスト教世界において、こうしたヴォータン的なものが徹底的に否定され、異教の神として、あるいは悪魔として森の奥へ、つまりは無意識の暗黒の世界へ追放されてしまったからである。しかも悪いことには、近代的な世界観においては、その無意識の世界は存在しないものと考えられていた。そこで、こうした極端な抑圧の反動として、野蛮な男性性が人々を襲い、支配しはじめたのである。

しかしナチス運動の心理的な基盤としては、こうしたヴォータン的なもののほかに、もう一つ、ユングが秩序元型と呼ぶものがあったことを見逃してはならない。人間の心の中には、周囲の状況があまりにめまぐるしく変化しすぎたり、価値や判断の基準が不安定であるときには、確固とした不変性や安定した感じに対する欲求が強まるものである。こうした一種の健全さや秩序・安定を求める心を、ユングは深い元型的なものととらえ、それを秩序元型と呼んだ。このような観点から見るとき、一九二〇年代のドイツの状況は、人々の無意識の中に秩序と安定への希求を最も強めるようなものであった。大戦後の経済的な混乱と大変動に加えて、精神的な面においても、民主主義や啓蒙主義が一挙に導入され、価値観は混乱し、既成の権威は崩壊して、多くの腐敗と頽廃が現われた。失業者や放浪者が街にあふれ、秩序も乱れがちであった。青年たちが始めたワンダーフォーゲルの運動は、大恐慌の後には失業者のするところとなり、放浪者の群となっていた。そうした混乱した状況は、きちんとした秩序を好む人々から見たら、なんとも忌わしい不快なものであったことであろう。ところが一九三三年にヒットラーが政権をとるころから、そうした放浪者の姿は影をひそめ、かわりにヒットラー・ユーゲントや軍隊の整然たる行進が始まった。一見、青年たちが健全になり、更生したように見えた。秩序元型が見事に取りこまれていったのである。

このようにナチス運動の中には、一方には野蛮で衝動的なヴォータン元型と、他方にはまったく反対の健全さと確固さを求める秩序元型とが共存していた。ヒットラーの天才はこの相反する二つの心理を見事に結合させたところにある。ナチス運動においては、暴力は秩序的・組織的に行なわれ、また暴力行為は「正しい」秩序を打ちたてるためと考えられていた。しかし、この結合が成功したのは、いずれの欲求も、当時のドイツ人の一人一人の中に深く強く存在していたからこそであった。

元型の両価性

さて、こうした元型的なものが社会現象として現われているということを、ユングは早くから的確に見抜いており、またその危険性についても察知していた。元型は意識の統御をはなれて荒れ狂う、恐ろしい性質をもつことをよく承知していたからである。しかし、ここのところが重要なところであるが、彼はこれらの元型の現われを、必ずしも悪いとのみは見ていなかったのである。なぜかというと、そうした元型に人々がとらえられるということは、意識的な態度（社会の意識的な価値観）が一面的に偏っているからであり、それを補償するものとして、無意識が活動しはじめたことを意味するとユングはとらえていたからである。つまり、あまりに合理主義的になりすぎた時代の風潮に対して、人々は非合理的な神話を求めており、それがゲルマン民族の独自な価値を求める心と一致した。またあまりに進歩主義と新しがりに偏した社会の風潮に対しては、不変な秩序を求める気持が強まっていたのである。それらの欲求そのものは、決して悪いものではなく、むしろ人間にとって必要なものであり、望ましいものであった。

ナチス運動の根底には、このような深層心理学的な機微が隠されており、それだからこそ、あのような全国民をまきこんだエネルギーとなったのである。それゆえにナチス運動が起こってきたとき、ユングがそこに無意識の補償的な働きを、つまりはっきり言えば積極的《プラスの》な要素をも見たのは、むしろ正しいことだったのである。このことは、現代文明の頽廃に対して批判的であったローレンツやハイデッガーについても言えることであり、彼らがナチス運動にある期待を懐いたのは、むしろ彼らの正しさの故であったとさえ言えるのである。ユングは『破局のあとで』という論文の中で、あとから見ると悪だったとわかったが、当時はそんなふうには見えなかったと卒直に語っている。「何十万という目的もない放浪者が、ドイツの街道から急に姿を消したのは、疑うべくもない一つの証拠だった。一陣の新鮮な風がこれら二つの国〔ドイツとイタリアを指す〕に吹きはじめたことが、そもそも戦後の停滞と腐敗の後にやって来た、えもいえぬ希望のしるしだったのである」。

またユングは次のようにも述べている。「ヒットラーの人物さえ、はじめのうちはアンビヴァレント〔=両価的〕なものに映った。一九三三年の七月に、ベルリンで一連の講義を行なったとき、たしかに党の行動にもゲッベルス氏の人物にも、はなはだよからぬ印象を受けたが、さし当り、これらの兆候が決定的なものだとは考えなかった。私の知っていた明らかに理想主義の人たちも、これは大きな改革にはつきものの、避けられない弊害だと、私に説明したものである。………私も、多くの同時代人と同様に是非を決しかねていたのである」。

これをユングの弁解ととるのは浅薄というものであろう。彼が「多くの同時代人とともに是非を決しかねていた」というのは、単にその渦の中にいたから事態が見えなかったというだけでなく、また判断力が乏しかったというのでもない。むしろ逆にそこに元型の現われを見抜き、そして元型のアンビヴァレンスを知っていたからこそであった。ナチスは集団心理的現象であるが、その背後には元型的なものがある。ところが「元型は、両極性をもっている。つまり肯定的な面と否定的な面とを併せそなえている」。「元型というものはどれも、最高と最低、悪と善とを併せ持っていて、だからこそ、およそ矛盾にみちた働きをするのである。したがって、それが肯定的な効果をもたらすか、否定的に働くか、あらかじめ決めることはできないのである」。無意識それ自体は、つねに破壊的であるのでもなく、またつねに善い働きをするのでもない。それがどちらの方向を向くか、災禍をもたらすか、恩恵をもたらすかは、意識の対処の仕方によって決まるのである。

要するにユングが当時態度を保留していたのは、彼に事態を見抜く能力がなかったからではなく、むしろナチスの本性を深く洞察していたからであった。彼は当時のドイツ人の無意識の中で進行していることを、意識的に体験していた。つまり合理主義や進歩主義に対する文明批判を自覚的に行なっていたので、ナチス運動の中にそうした批判が無意識のうちに現われていることを、いち早く見抜き、それを理解し、それに共鳴することができたのである。ユングがナチスにコミットしたという非難は、彼の現実の行動や事実としてナチスの悪業に加担したという意味でなら全く間違っているが、しかし彼の内面的な機微についてはある意味では正しいとも言える。彼はむしろナチス運動の心理的な面と深くコミットしており、それだからこそ最も深い理解と根底的な批判をなしうる立場にいたのである。ここのところを深く理解できないと、ユングの思想と行動を本当に理解することはできないであろう。

**病理現象としてのナチス**　それでは、ユングはナチスに対して、決定的な判断をいつ、どのように下したのであろうか。結論を先に言うと、彼はナチスは有害で危険な面をもつという判断を非常に早くから下していたが、逆にまた、なんとかそれを阻むことができるのではないかという楽観主義をかなり後までもっていたと言えるであろう。このような態度は、彼が精神医であったことと密接な関係がある。彼は述べている。「もし私が当時静観的な態度を取っていたとするなら、それはかかる事態に直面したときの、私の医師としての心構えにほかならない。医師は予断を避ける。………治療の目的は、遅かれ早かれ意識に統合される元型の、善き面、価値ある生き生きとした面を実現させ、有害で危険な面を極力阻むことにある。彼が、ほとんど希みのなさそうな局面で、なおひとつまみの楽観を拾い上げようとするのは、まだ救えば救えるものは、なんとか救おうとするからで、これも医師の職務のうちである」。

結果的に見るとこれは間違った楽観主義だったということになる。はじめから悪いと見て反対した人の方が先見の明があったかに見えるかもしれない。しかしそれは事態の一面である否定面のみを見ていて、結果的には事態がその見方に合った展開を示したというにすぎず、やはり正しい見方であったとは言えない。ユングの言う楽観主義は医師として当然の態度であると同時に、医師であるか否かをはなれても正しい態度と言うべきであろう。

ユングが精神医であったことは、このように事態の対処の仕方に影響を与えていたが、それよりもなお重要なことは、そもそもナチスとは何なのかという問題に対する見方そのものにも大きな特徴を与えていたことである。彼はナチスが大変な悪であるということがわかってからも、それを単純に非難したり、告発するという態度をとらなかった。というのは、それを病理現象と見ていたからである。そこには性急な道徳的な批判をする前に、客観的に事態を見きわめようとする、医師としての冷徹な眼が働いていた。

それではユングはナチスをどのように「診断」したのであろうか。彼はヒットラーをヒステリー患者であると見る。ヒステリーの特徴は、自分自身の現実の姿を直視できないで、自分をナルシシズム的に美化したがり、自分の劣等性を他人に投影し、他人を責めることによって自分の劣等感をごまかしている。嘘による現実の歪曲、見栄っぱりや、はったりやいかさまによって自分自身をごまかす、つまり自分の嘘を自分で信じこむ。狂気に近い誇大なうぬぼれ、権力妄想、これらすべては臨床的にはヒステリー患者と診断するほかないとユングは述べている。

そしてこのような人物にドイツ人のほとんど大部分の人がまんまとひっかかったということは、ドイツ人も全体として同じヒステリーに、つまり集団ヒステリーの状態になっていたと考えざるをえないであろう。ドイツ人の劣等感については、自国人であるゲーテ、ハイネ、ニーチェが何度も指摘してきたことであるが、ドイツ人はその裏返しとして、「支配民族」にあこがれ、「世界征服」という非現実的な目標を懐いた。この現実感覚の欠如こそヒステリーの特徴である。要するにナチズムは集団精神異常にほかならなかったとユングは診断する。そしてこの集団心理の中で、意識性や道徳性が低下し、そこに集合的無意識が現われ、人々が元型に憑かれ、完全に理性を失い、ファナチックな狂気に支配されてしまったというのである。

このようにユングはナチズムを病理現象ととらえ、ドイツ人が無意識にさらわれて、集団的に精神異常に陥ったものと見立てるのであるが、こうした見方は、ある人々をいらだたせ、ユングに対する非難をいっそう増大させることになった。というのは、ナチズムを道徳的に非難すべきだと考えている人々、それに加担した人間の責任を追及すべきだと考えている人々から見れば、それを無意識のせいや、病気のせいだと言うことほど腹立たしいことはないであろうからである。とくにナチスの直接の迫害にあったユダヤ系の人々からは、そんな見方はなまぬるいどころか、ナチズムを弁護するものと思われたのである。後に述べるように、事実としてユングがナチスに加担したのでないことが明らかになってからでも、今日に至るまで執拗にナチスに加担したというデマが流され続けたのは、一つにはユングに対するそうした感情が背後にあったからであると考えられる。

それではユングはそういう人々の感情に無理解であり、人情の機微にうとかったから、そんな発言をしたのであろうか。決してそうではなかったろう。彼はナチスに対する彼のような見方が、ナチスを告発したい人々の憤激を買うことは覚悟の上であったと思われる。彼は「私は告発したり断罪したりしようとしているのではない。医師の診断は告発ではない」とはっきり言っている。ユダヤ系の人々の感情に対する配慮からか、それほど露骨に言ってはいないが、彼はナチズムに対して、理性や道徳や「責任」の立場から断罪するというやり方に、はっきりと批判的であった。なぜなら、ナチズムは人々が無意識に憑かれ、すでに理性や道徳的責任能力を失った状態であるという現実を直視し、そのことを見定めた上で対処すべきものと考えていたからである。

それは「病人」を低く見たり、軽蔑したりするのでもなく、また「病人」の犯した罪を簡単に許したり弁護するのでもないし、また「病人」の自己治癒の能力を信じないのでもない。それは起こった事態と原因を感情に溺れないで冷徹に見定めることが、本当の正しい対処のために必要であるという、マックス＝ウェーバーの「価値自由」（＝現実直視）の精神と同じ態度である。こうした主張を、現にナチズムからあの残酷非道な迫害を受けた人々がいて、その人々が感情的に最高の怨恨と憤激をもっている中で、しかも自らもその人々の感情を充分に理解し同情していながら、なお敢えて発言するということは、並大抵の精神的強さをもってしてはなしえないことであろう。それでもなおかつユングが自分の信念を言い続けたのは、結局は真理を見ていた者の使命感がそうさせたのだとしか考えられないのである。」

## ユングの処方箋

ナチズムは、ユング心理学から見ると、ヨーロッパ全体が不健全に一面化してしまったことへの反動として、元型が集団全体に現われたものであった。しかしそれは単に元型がそのまま現われたというものでは決してない。元型が現われてくるのは意識の一面性に対する逆流としてであるが、元型そのものは無定形であり、両価的である。それがどんな性質をもち、いかなる働きをするかは、意識がどう対処するかにかかわっている。意識はそれを単純に拒絶するのでなく、それが何に対する補償であるのかよく見定め、それを肯定的な形で統合していかなければならない。つまり一人の人間に元型が現われたとき、その元型がどんな作用をするかは、その人の意識の対処の仕方によって決まるが、同じことは元型が集団的に現われたときにも言えるのである。「だから元型が集団全体に現われる場合、群集行動の大きな危険に至らないためには、この元型のもたらす力にうまく対処できる人々が、多数を占めていなければならない。あるいは少なくとも、説得力をもつ何人かの醒めた人がいなければならない」とユングは述べている。

彼はすでに一九三三年二月に、つまり一月にヒットラーが首相になった直後に、ケルンとエッセンで講演して、次のように述べている。「われわれのこれまでの発展が決定的に個人主義的になされてきた結果、今やその補償として集合的人間への逆行が現われている。集合的人間の態度を決めるものは集団がどう動くかである。それゆえ今日、何人も抗しえない雪崩が始まったかのような、一種の破局の雰囲気が支配しているのも不思議ではない。集合的人間は個人を圧殺しようとするが、すべての人間の仕事を支えているのはこの個人の責任能力なのである。集団そのものはつねに無名であり、無責任である。いわゆる指導者〔＝フューラー＝ヒットラー総統を暗に指す〕なるものは、集団運動の病兆にすぎない。人類の真の指導者とはつねに、自分自身を自覚化し、集団の重みに対して少なくとも自分自身の重みの分だけでも軽くしようとして、盲目の自然法則のままに動いている集団から意識的に距離をおく人間である」。

ヒットラーが政権を握った時点で、これだけ的確にナチズムの性格を把握していた人間は、ドイツの内外を通じてごくわずかであった。しかしその鋭い洞察力に比べて、彼が提出する対抗策がなんとも抽象的で、なまぬるいと感ずる人が多いのではないだろうか。彼は武器をとって断乎闘えと勇ましいことを言うのでなく、単に一人でも多くの人が、事態に対して意識的になることを求めているだけである。そんなお説教でナチズムに対抗できるのか、と思われるかもしれない。しかし、ここにはユングの人間観と歴史観が見事に現われているのである。彼は人類の歴史を意識化の歴史として、つまりは無意識を意識化して統合していく過程として見ている。彼の宗教論の中でも見たように、彼はユダヤ教からキリスト教への発展もまた、そのような意識化と無意識の統合のプロセスと見ていた。あのときのヤーヴェと同じように、ナチズムもまた元型的なものが、人間におのれを意識させようとして出てきたものである。したがって、その巨大なエネルギーに対処するには、意識の方もまたそれに対抗できるだけの力量をもたなければならない。

集団心理というものは、しょせんは個々人の心理の集合であり、それの拡大化、極端化されたものである。だから集団的な盲目性に対抗できるのは、まわりくどいようでも、結局は個々人の自覚化を促進する以外に道はないであろう。人類全体の心理のあり方は、先駆的な人々が自身の心理的問題を洞察し、自身の意識の偏りを克服し、それを通じて周囲に影響を及ぼしていくという形で変化していくものである。それゆえ、この問題を自覚した一人一人が、自分の無意識を認識し、それを統合する努力をしていくことが最も大切であると、ユングは説いているのである。

**差別への加担か？**

しかも、そうした無意識の自己認識の道は、それぞれの文化的伝統をもつ民族によって、少しずつ異なったものとならざるをえないとユングは考えていた。大ざっぱに言って、ユダヤ人や中国人のように何千年の歴史をもつ民族は、意識的発達の度合が大きく、無意識の部分が小さいのに対して、ヨーロッパ人、とくにゲルマン民族は文化的に若く、したがって無意識の暗闇が非常に大きい。このことはゲルマン人の短所であると同時に長所でもある。つまりそのことは、暴力や野蛮となる危険もあるが、創造力の可能性をもっていることをも意味している。どちらがいいとか悪いというのでなく、それぞれ自分の心理的特徴をよく認識して対処することが必要だというのである。ユダヤ人とゲルマン人との心理的な違いが、無意識の部分が大きいか小さいかという簡単な問題でないことはユングも十分承知していたことと思われる。ユングの真意は、要するに、意識と無意識の構造的な関連が、各民族の文化的伝統によって独特の性質をもっているはずであるから、その点によく注意を払うのが正しい見方だという所にあった。

このようにドイツ人とユダヤ人の心理の違いを指摘することは、当時ナチスがゲルマン民族の優位を叫び、ユダヤ民族の劣等性を宣伝しているとき、その差別の論理に加担することにならないであろうか。事実この論点をとりあげてユングがナチスの人種差別に加担した証拠のように言う人々もいた。しかしユングは一九三四年の時点で、そうした嫌疑がかかっていることをはっきり自覚しており、彼はある論文の中で「私の数十年来の警告は反ユダヤ主義の嫌疑をかけられた。この嫌疑はフロイトに始まる」と書いている。彼はそれを承知の上で、わざわざこの区別づけを持ち出していたのである。この態度は、ユングが反ユダヤ主義でないことを十分理解している人々の間でさえ、政治的に下手なやり方であったと今日考えられている。しかし、誤解や悪用の危険を覚悟で言っていたとなると、単に政治的な未熟さのせいだけにして片付けることはできないであろう。ユングにはそれなりの考えがあったはずである。

ユングは、ユダヤ人差別に対して、人間は皆同じであるとか、人類は皆平等であるという論理によって対抗することには批判をもっていたのである。彼は、人間は皆同じであるとする近代ヒューマニズムの人間同型論とはちがう人間観をもっていた。個々人は一人一人、そして民族はすべて、それぞれ個性をもち、差異をもっている。そしてそれぞれに価値をもち、それぞれの個性において正当に評価されるべきだと考えていたのである。ユダヤ人差別には、ユダヤ民族の個性を正当に評価することで対抗すべきなのである。この発想は、女性問題についても、彼の発言の中に貫かれている。女性を男性と同じに見たり、男性と同じ基準で同じと評価するのでなく、女性の歴史的に作られた姿ではなく、本来の独自性を正当に評価することが、女性の本当の解放につながるであろう。この考え方は表面的には差別に加担するように見えても、本当に差別を追放する正しい考え方ではないであろうか。

このように見てくると、ユングの発言が、政治的効果を考えて、政治的にうまく立ちまわろうという次元でなされていないことは明らかであろう。彼の処方箋はもっと長期的で、もっと高い次元から出されているのである。もっともそうはいっても、げんにユダヤ人が迫害されているという現実の真只中にいて、彼は政治的にはいかなる態度をとったのかという問題も見ておかなければならない。

**守りに徹した政治的実践**　一九三三年にヒットラーが政権を握ると、あらゆる学術団体に「統制」の圧力をかけてきた。どの学術組織も、また一人一人のメンバーも、いかなる態度をとるか決心を迫られることになった。ナチスに協力するか、それともはっきりと反対の立場を鮮明にするか、あるいは面従腹背の態度をとるか、いずれにせよ去就を明らかにしなければならない。ユングはスイスに居たのであるが、次のような事情からこの政治的事態に直接まきこまれていくことになった。

彼は「一般精神療法医学会」の副会長であったが、一九三三年四月に会長のクレッチマーがナチスの方針と衝突して辞任した。このとき、指導的な何人かの人々が、ユングに会長になるように懇請した。この学会だけでなくすべての学術組織はナチスの圧力によって大揺れに揺れて、存続できるかどうかの瀬戸際にあったのである。一九三四年三月に彼自身が書いているところによると、このとき彼は「道徳的葛藤」に陥った。つまり「用心深い中立者として」安全地帯に退いて手を汚さないでいるか、それとも危険を冒して乗り出していくか――その場合にはナチスに協力する者、少なくとも反対しない者だという誤解は免れがたいであろう。なぜなら、ナチスの統制を受ける組織の長にナチスに反対する者がなれるはずはないし、それだからこそクレッチマーは辞任せざるをえなかったと思われるだろうからである。しかし彼はドイツにおいてナチスと相容れない人々がどんなに窮状に陥っているか知りすぎるほどわかっていた。そのような時に、この人々の役に立つことをするのが人間としての義務だと考えて、彼は会長の役を引き受ける決心をしたのである。

彼が会長を引き受けたのが、自分ならばナチスに対抗できるといった楽観主義からでなかったことは、同じ論文で次のように述べていることからも明らかであろう。彼は「いまどきナチスの『統制』を受けないような団体は一つもありえない。しかも事態はいつ急変するかわからない。いずれドイツはかつての〔＝中世の〕教会独裁か、今のコミュニズム国家の独裁と同じになり、精神的に統制されるであろう」と書いている。そういうことを承知でいながら、いや承知していたからこ

**苦悩に満ちたユング**　この絵は1934年にバーバラ＝ハナーが描いたものである。

そ、彼は会長を引き受けたのである。彼の動機が学会を守り、とくに被害者の立場にあるユダヤ系のメンバーを一人でも多く守ろうというところにあったのは明白である。事実、彼が会長として行なったことはすべてその線にそってなされていった。

彼はまず学会の規約を改正して、学会を「国際一般精神療法医学会」という国際組織であることを明確にし、その下にドイツ分会、スイス分会などがあるという形にした。これは学会のメンバーにドイツ人が多く、必然的にナチスの息のかかった者が組織の中枢部を握るという危険をふせぐためであった。ナチスの統制を受けるドイツ分会から学会を区別し、学会が上部組織であるという形式をととのえたのである。そうしておいて、彼は機関誌『中央誌』を「国際学会」に属するものとし、本部をチューリッヒにおき、自分が編集責任者となった。ナチス側もただちに反応して、ユングが会長に就任した三ヶ月後の九月にドイツ分会を組織し、ナチスの最高指導者の一人ゲーリンクの従兄弟を分会長にした。ユングのすばやい処置によって、危ういところで学会全体がナチスに乗っとられることを防ぐことができたのである。

他方において、彼はドイツ分会から除名されたドイツ系ユダヤ人が、個人の資格で国際学会に加入できるという条項を、規約改正の中に入れておいた。これによってユダヤ人の精神医は職業上、正当な資格をもつものとして社会生活を営むことができた。そして、もちろん『中央誌』にはユダヤ人の論文や、ユダヤ人の著書の書評が多く掲載された。これらの事実を見れば、ユングが会長を引き受けた動機が学会の学問的中立を守り、ナチスのユダヤ人差別に対抗するためであったことは明白であろう。しかも彼はその目的の実行において、なかなかの戦略家であったことがわかる。なるほど彼はパルチザンを組織して闘うといった、積極的攻撃的な実践には関係しなかった。しかしそれは決してナチスの暴威に反対する気持が弱かったせいではないであろう。むしろ彼は六〇歳にならんとする学者であるという己れの分を心得て、いわば赤十字の役割に徹したのである。

こうした体制をととのえてナチスの支配に抵抗したユングであったが、その道は決して平坦ではなかった。ナチス派が学会の指導権を奪おうといろいろと画策をしたからである。なかでも特筆すべきは、ナチスに忠誠を誓うゲーリンクの「宣言」が『中央誌』に掲載されるという事件であった。これを見た多くの人々は、ついにユングもナチになったのかとショックを受け、ユングを激しく非難する人まで出るありさまであったが、しかしそれはじつはユングの知らないうちに、ゲーリンクらの策動によってなされたことであった。政治的党派活動のあるところには、つねにこうした不愉快なことがつきまとうものである。ナチス派の党派活動は年をおって強まり、ついに一九三九年にユングは会長を辞任せざるをえなくなり、翌年には国際学会は強引に本部をチューリッヒからベルリンに移され、直接ナチスの「統制」を受けるようになった。ユングたちの努力も結局はナチスの権力の前には敗れざるをえなかったが、その間、時をかせぎながら、多くのユダヤ系の人々を救い、また援助の手をさしのべることができたのであった。

# 七　ユング思想の特徴

最後にまとめの意味で、ユング思想の特徴について、いくつか述べておくことにしよう。ユング思想の第一の特徴は、一方で既成の常識や権威に真向うから挑戦し、ラジカルで革命的であるかと思うと、他方で非常に落ち着いた健全さと保守性をもっており、この二つが一見奇妙に同居しているように見えることである。しかしこれは奇妙でも矛盾でもなく、ユングという人間の二つの属性ではなく、一つの属性の現われなのだということを本当に理解することが、ユング理解の第一の鍵であると私は思う。

## 革命性と健全性

ユングの物の見方はつねに言葉の真の意味においてラジカルであった。彼が既成の見方や考え方に対して批判的であったのは、彼がたまたま被支配者や被抑圧者の立場に置かれたから批判的になったというのではなかった。むしろ彼は他人の判断をそのまま自分のものにできない性質であり、自分自身で納得のいくまで吟味した上で自分で判断しないと気のすまない性分なのである。つまり彼の批判力や革命性は、外的事情によって強いられたのでなく、彼の内から発するものであった。

彼は被抑圧階級に生まれついたのでもなく、異端になるのを望んだのでもないが、自分が正しいと思うことを述べれば異端とされることは承知の上で、たとえばグノーシス的なことを述べるという人間であった。この特徴は第五章で見た彼の宗教論に最も典型的に現われているし、またナチスが抬頭する中でわざわざユダヤ人の心理の特異性を指摘するという、一見非政治的な所業となっても現われている。

既成の権威や教義に対する彼の批判はしばしば恐ろしく破壊的で、常識に安住している者には強いショックを与えるものであるが、しかし彼は決して否定や破壊を自己目的としたのではなかった。この点について、彼自身フロイトやニーチェと自分との違いを強調しながら、次のような意味のことを述べている。「フロイトやニーチェは人間の汚い所や低劣な性質をあばいてみせたが、そのように人間の偽瞞の仮面をひっぺがすことは確かに必要なことである。しかしそれは間違った観念を破壊するための腐蝕剤としての意味をもつにすぎない」。つまりユングの考えでは、人間の自己認識としては、自分の暗黒面を知るだけでは半分のことしかなされていないのである。その先に、闇の中に光を見つけること、人間

ユング（85歳）

の中の真に神的な、美しいものを発見することも必要なのである。フロイトやニーチェは、その善なるものや美しいものが、ただの空虚な言葉や制度として空洞化している事態に対して、その呪縛を断ち切る役割を担ったのであるが、それによって真善美や神的なものは人間の中には本来存在していない作りものであるかのような錯覚もまた広まったのである。人間の本性は一皮むけば汚ないものであり、それを知ることが深い人間理解であるかのような人間観が横行しはじめたのである。

このごろの日本でも、高いお金を払って「精神分析」というものを受けてみたら、思いもよらない自分の醜い所が出て来てショックを受けたとか、あるいはテレビのドラマで人間の醜い所をことさらに描いてみせるものがもてはやされている。それは人間があまりに表面だけを美しくつくろって偽善的に生きていることへの反省の意味をもつとはいえ、汚ない所を見るのが深い人間理解であるかのように受けとられるとしたら、それは非常に危険なことである。人間はどうせ悪いものだとして、安易に悪に居直る傾向を助長することになりかねないからである。人間が自分の内面の真実に目を向けはじめたときには、そうした悪い意味でのフロイト的な人間観（フロイト自身は決してそうした浅薄な人間観ではなかった）に足をさらわれる危険にさらされていることを知っていなければならない。

それに対してユングは、人間の心の中には闇だけではなく光もあるということ、悪魔的なものだけではなく、神的なものも、また醜いものだけでなく美しいものもあるということを、しっかりと見すえていたのである。形骸化した宗教や芸術といえども、もともとはそうした人間の元型的な性質によって作られたものであった。それをただ既成の権威としてありがたがるのでなく、また逆に単なる作り物として軽蔑したり否定するのでもなく、そのもとになっている真実の内的体験を自分自身の心の中において感じることが大切だとユングは言っているのである。

心の内奥の神的な光は普遍的なもの、不変なものと感じられるものであり、そうしたものは素直で健全な精神によって、よりよく感受されるものである。ユングは幼い時から、田舎に育った者特有の素朴で健康な態度を自然に身につけていたようである。誕生についても、死についても、また性についても、どこか自然なものとして素朴に受けいれていたようであるが、それを神によって召されると説明されることで、かえって神が人を喰うのではないかという恐怖感をもたされたことはすでに述べた。彼の一生はそうした人為的な説明の不自然さから免れ、自分自身にとって自然な神話を取り戻す闘いだったとも言えるであろう。

ユングの健全さは、はかない、移ろいゆく世界の中に不滅のものを見ていたのであり、彼は進歩とか革新といわれることをあまり信用しなかった。この「保守性」はスイス人の保守性と同質のものであり、スイス的土壌によって培われたものだという指摘もなされている。なるほど確かにそういうこともあるかもしれないが、私はユングの健全さはもっと元型的というか、普遍的な根をもったものではないかと思っている。それは彼の内向的な資質と、健康な心身から発しているのではなかろうか。ユング自身も『タイプ論』の中でこう述べている。「外向的な人は変化の中に自分自身を見出すが、内向的な人は不変の中に自分自身を見出す」。

彼がラジカルに批判するものをよく見てみると、それは一方では形骸化した権威に対して内面的体験を重んずる立場からであり、他方では現代の都会文明的な歪みに対して健全な感覚からなされていることがわかる。そしてこの内面的なものの重視と健全な感覚とが彼の中で密接に結び合っているのである。このことを象徴的に示しているのが彼の「塔の家」とそこでの生活ぶりである。彼は円形の石の家の中で、原始的な健康な生活をしながら、高度な内面的営みを進めていたのである。

## 強靱で柔軟な意識

ユングの思想を理解する上で次に大切なことは、意識と無意識の関係についてユングが考えていたことを正しく理解することである。ユングが無意識を重んじ、解明した人だと思って彼の書いたものを読む人は、彼が意外に意識を重んじていることに気づくことであろう。たとえば、ナチス論のところで見たように、無意識がどういう作用をするかは、意識の態度にかかっているのであるから、人間のあり方は意識の質を向上させ、意識を賢明にし、正しい判断力を養うことが決定的に重要になってくる。すでに述べたように、少年時代、彼の人生の転機になったのは「カンテラの夢」と言われている夢であった。それは彼が暴風雨の中を小さいカンテラの灯を守りながら進んでいくという夢であったが、このカンテラの灯は彼自身の意識を表わしている、そしてこれを消さないで守りぬいていくことに彼の実存のすべてがかかっていると感じるのであった。

　このように意識の明晰さを重んずるのを見ると、「ユングもやはりヨーロッパ人だな」と批評したくなる人が多いのではなかろうか。しかし意識を重視するというだけで、すぐにヨーロッパ的伝統と結びつけるのは、私は浅薄な見方であると思う。意識のあり方を重視するということなら、東洋のヨガや禅も同じことである。それらも世俗的な自我のあり方を否定するとはいえ、一定の意識的な方法によって無意識のよい性質と合体するのであって、意識を完全に無くしてしまうわけではないのである。いずれにせよ無意識の高度なコントロールである点はユングであれ、東洋の神秘主義であれ、西欧のキリスト教神秘主義であれ同じことであって、そのさい意識をどう使うかという点で相異が出てくるにすぎないのである。その場合、ユングがヨーロッパ的であるといえるとすれば、それは彼が意識の働きと役割をどこまでも明瞭に自覚化しようとした点にあると言えるであろう。

　彼は意識を強めることが必要だというような単純なことを考えていたのでは決してない。意識の強さということでは、現代人はもう十分すぎるほど強くなっており、むしろそれは「痙攣に近い緊張と狭隘化」を示していると彼は述べている。むしろ現代人に必要なのは意識の硬直から救うことである。元型的無意識はそれ自体両価的であり、同じ一つの元型の現われにしても、状況次第で肯定的な働きも否定的働きもする。そうしたことを見抜くには、よほど広い視野をもった柔軟な意識を必要とするであろう。

そのような柔軟な自我を持てということを、ユングは精神主義的に単にとなえたのではない。そのための方策をはっきりと示している。それは無意識に対して開かれた姿勢であり、これによって意識は無意識の豊富な内容と両価性を知り、それを受け入れることによって広くなり、柔軟になり、個性的になることができるであろう。無意識を受け入れることによって自我は変容していくのである。これが彼の言う個性化の過程にほかならない。

無意識を受け入れるということは決して単純に肯定するとか、批判しないということではない。無意識に対して開かれた自我とは、いわば真実に耐えることのできる自我とも言いかえることができる。無意識のいかなる性質をも、たじろがずに見ることができ、また物事を見る場合に無意識の感情に左右されないで、あるがままを認識できる自我であって、これはマックス＝ウェーバーの「価値自由」の精神と結局は同じことを言っているのである。ウェーバーが自分の価値観を自覚することによって、価値観によって歪められることのない現実認識が可能になると言ったのと同じように、ユングは自分の無意識の性質を自覚化することによって、無意識によって欺かれることのない現実認識を得ることができると主張したのである。そして、そのとき自我はすでにもとの自我ではなく、意識は質的に拡大し、そして強靱になっており、それを通じてユングのいわゆる「自己」へと無限に近づいていくのである。

そのような高度な意識は一部のエリートにのみ可能なものではないか、人類一般には当てはまらないのではないか、という疑問を感ずる人もいることであろう。たしかに現時点ではウェーバーやユングの要求を満たすことのできる人は限られているであろう。何を要求しているかを理解できない人々も多いのである。しかしこの問題も固定的にとらえてはならない。ユングは物事をつねに歴史的に見ていたということを忘れてはならない。彼は人類の歴史を意識化の歴史として見ていたのである。たとえばユダヤ教からキリスト教への発展も意識化の進展として理解していたことはすでに見たが、仏陀もまた人間が神々として投影していたものを意識に統合し、神々を理念として表現したのだというふうに論じている。しかし歴史の中で人間全体としてまだそこまで意識化が進んでいない状態において、それは「早すぎた」意識化であり、それゆえ仏陀は歴史に打ち負かされてしまった、というのである。しかし、それでも、人類は戦争を繰りかえし、魔女裁判やナチズムのような悲惨な体験を通過しながら、次第に意識化を進展させ、自分の無意識を認識し、コントロールすることのできる方向へ進んでいる、とユングは見ていたのである。

これが行きすぎたオプティミズムであるのか、正しい見方であるのか、容易には結論できないことである。しかしこの歴史の方向を自覚的に推し進めることが、この問題を自覚化した人間の使命であるということについては、何びとといえども異議がないのではなかろうか。

## 感情のコントロール

ユングを理解する上で第三に大切なことは、感情の問題である。ユングのタイプ論を紹介したときには、複雑になるのでふれなかったが、彼は内向──外向という心の基本的な構えのそれぞれについて、さらに心の四機能（思考、感情、直観、感覚）というものを考えている。人それぞれにおいて、このうちのどの機能が得意であるか不得意であるかということから、その人の心的特徴を見ていくのであるが、この分類に従うとユングはどんな特徴をもっていたであろうか。彼は思考と直観の機能に優れており、彼の書いたものには、優れた論理性と、それをときどき中断させ、読む人に飛躍を感じさせる鋭い着想にあふれている。それに対して彼は感覚機能については、はじめからあきらめていたようなところがあり、芸術の分野では劣等生であることを自認していた。とくに音楽についてはからきしだめであったことは有名である。

それでは感情についてはどうかというと、これがたいへん厄介な問題なのである。ユング自身にとっても厄介なものであったらしいし、ユングを理解する上でもむずかしい問題である。感情というのは、そもそも人間一般にとって厄介なものであるが、ユングにおいては感情の問題はすべての問題に影のごとくにつきまとっており、しかもそれに対するユングの態度がまた両価的なのである。

連想実験のところで述べたように、コンプレックスにはつねに感情が伴っていることをユングは発見した。この感情はコンプレックスの対象物に出会うと必ず現われ、しかも本人はその感情をコントロールできないで、嫉妬や憎悪や愛着の強い反応をしてしまうのである。また元型の性質について述べるときには、ユングはつねに元型が強い感情を伴うことに注意を向け、それを「元型の感情価」とか「ヌミノーゼ」と呼んでいることについてはすでに説明したとおりである。

これらのコンプレックスや元型に伴う感情は非常に激しく、衝動的で、意識のコントロールがきかないどころか、逆に冷静な判断力を失わせるという性質をもっている。とくに元型的な感情は直接的で激しいものであり、この元型が投影された対象物の感覚的特徴と切りはなしがたく結びついていることが多い。たとえば嫁と姑の関係で、「悪しき太母」のイメージを投影された姑に対する悪感情を、嫁は理性の力ではどうしようもない。また「悪者」という影を投影した相手に対して、憎悪の感情が爆発するのを防ぐことはむずかしい。しかし元型に伴う感情は、このように悪いものばかりではなく、神々しい神聖な感情とか、甘美な愛情などのような望ましいものもある。ただ感情が厄介だというのは、理性によって自由に選択できないで、まさしく元型と同じように襲ってくるものであるという点、また良い感情がいつ悪感情に転化するかわからないところにある。下手をするといろいろな感情にほんろうされて疲れはててしまうことになる。しかしまた、人生のすべての局面は感情によって色彩豊かになっているのであるから、いくら厄介だからといって、これを全てなくしてしまったら、人生はずいぶん味気ないものになってしまうであろう。

感情の問題に対するユングの態度は、これを厄介だからといって切り捨ててしまうというものではなかった。彼は内向型の人間として、彼自身述べているように、感情の変化を煩わしいものと感じていたと思われるが、しかし、それを嫌うあまり感情を捨てるということは、彼には不可能であった。というのは、イメージの世界には必ず感情が伴うかぎり、イメージを味わうということは感情を味わうということでもあったからである。つまり我々が内面の世界の探求に向かい、個性化をなしとげていくためには、感情の問題に真向うから取りくみ、これを解決し、統合していくことは避けがたいことなのである。

元型的な感情が直接的に現われるときには、それは激情的で身体的・生理的興奮を伴い、未分化な感情の爆発という様相を呈する。怒りや悲しみが意識のコントロールを失っている状態であり、ユングはこれを「太古的・神話的」な状態と評した。しかし元型的無意識が意識によって認識され統合されていくのと同じように、こうした感情も意識化されることによって洗練されたものになりうるとユングは考えた。感情もまた元型そのものと同じように両価的なのである。このようにユングはマイナスの性質をもつからといってすぐに否定してしまわないで、その中にプラスのものを見つけるか、あるいはプラスに転化していこうというやり方をいつも取るのである。

それでは洗練された感情はどういうものかというと、感情機能が独立して「合理的に」働くということである。つまり未分化な感情は対象となる物や人の感覚的特徴によって左右され、たとえばかわいい子供や美人の親切はばかにうれしく感じられるが、そうでない人の親切はあまりうれしくないなどという場合である。この場合には、相手によって、またそのときの気分によって、感情的評価が異なり、感情生活の統一性が失われてしまっている。それに対して感情機能が独立して働くということは、相手の感覚的特徴にかかわりなく、同じ性質のことがらに対しては同じように感ずる、たとえば誰の親切にも同じようにうれしく感ずるということである。これをユングは「合理的な判断力」としての感情機能と呼んで、洗練された望ましい感情のあり方として評価したのである。このような洗練化は、無意識の統合と同じように、自分の感情の意識化によって、なしとげられていくものである。それは感情を抑えるとか、出さなくするということでは決してなく、感情生活が統一性をもって安定しており、適度な強さで表明されるということである。それによって我々は他人との間に美しい味わいのある感情の交流をもつことができるであろう。内向型の人にとって、感情のもたらす激しい変化はいまわしいもの、嫌悪すべきものと感じられるものであり、それはまたしばしば官能の始末に負えない奔流と同一視され、そのわずらわしさから逃れるために禁欲主義を唱えた思想家も多かった。しかしユングはマイナス面があるからといって感情を捨て去るということをせず、それを洗練するという方向で解決策を考え、感情の背後にある生命力を大切にする態度をとったのである。

## 内なる自然

最後にユング思想の最大の特徴を一語で述べるならば、それは「内なる自然」を重んずることだと言うことができよう。ユング心理学は「元型心理学」と呼んでもいいくらいに元型を重視するのであるが、この元型とは人間の歴史的体験の結晶であり、そこには悠久な自然の法則性がすべて反映している。ユングはそれを「内なる先祖」と呼んで、個々人はそれとの調和を図ることが大切だと述べている。つまり我々人間には、我々の発想や行動を先導する適正な水路の役割をする心的な働きが生まれつき備わっており、それは元型的なイメージとして我々に知覚される。この生得的な心的働きをユングは「内なる自然」と言ったのである。

この「内なる自然」は、生まれつき備わっているとは言うものの、生まれたときから死ぬまで同じ形で存在しているのではない。人間は身体的にも、本能行動についても、生得的なもの が 発達し、頂点に達し、衰え、死ぬというプロセスから成り立っているが、心的な働きについても、やはり生得的なプロセスがあるのである。人生の上昇、転換期、下降、死というプロセスに呼応した心的イメージのプロセスというものも当然あるはずだとユングは考えた。そのプロセスを大ざっぱに言うと、はじめは意識を強化し、自我を確立して、人間社会の中で自分にふさわしい地位を得るのに呼応した少年期から青年期であり、これは意識の無意識からの独立の形をとる。次に三十代の後半から四十代の前半が人生の転換期であり、ここでは一度敵対的に排斥した無意識ともう一度対決し、それを認識し、統合していくことが課題となる。それから人生の下降期に対応した心的な構えというものがあるはずであるし、最後に死というものを自然に受けいれる心的な働きというものがありうるであろう。我々文明人は、精神を無限に向上すべきものと考えがちであるし、意識中心主義に陥っているので、とくに下降期や死についての自然な心のあり方を失ってしまっているのかもしれない。そのため、人生の前半期は大いに頑張ることでうまくいっても、後半期に無理が露呈してしまうことになる。

神話や宗教的な儀礼は、元型的なイメージ形成力によって作られたものであるから、この人間の「内なる自然」にそったものであり、それに従った儀礼が人生の節目ごとに人間の生きる心的構えの転換を図る転轍手の役目をしてきたのである。それは科学的合理主義から見ると非合理的で馬鹿らしく見えるのであるが、人間が生きていく上で必要な原理を含んでおり、非常にうまく出来ていたのかもしれないのである。近代的文明人はそういうイメージの大切さを理解できず、単に非合理だという理由で追放してきたのであるが、そのために人生の節目ごとの転換がうまくできず、不自然な頑張りのため不幸になっている例が多い。身近な例では、いつまでも娘と同じに若く見られたいと、年をとっていくことを受け入れられない女性とか、隠居制度がなくなってしま

晩年のユング

ったために、能力がなくなっても指導者の地位に居つづけなければならない老人などは、転換の儀礼がなくなったために、ある時期には自然だった態度を、それが不自然になっても、いつまでも続けている悲劇と言えよう。

人生には自然なプロセスがあり、それに呼応した「内なる自然」のプロセスがある。神話や儀礼はその「内なる自然」のプロセスにそった、平均的な水路であった。しかし現代はこの平均的な水路が大規模に崩壊してしまった時代である。各人は自分の力で、各人の内面を探求することによって、各人の「内なる自然」を改めて発見しなくてはならないのである。ここに意識の努力という問題が現われてくる。

自然なプロセスが備わっているのならば、意識の努力をなくせば、自然にうまくいくではないかと思えるが、どうもそういうものではないらしい。本能的・無意識的なプロセスと意識の努力とがうまく協同し合うという形ではじめて自然のプロセスが成り立っているらしいのである。つまり、意識の努力というものが、自然のプロセスの一環として組み込まれているようである。したがって、無意識との関係で、どういう意識のあり方が自然なのかをよく考えてみなければならないのである。それに加えて、我々現代人は意識の間違った、偏った努力を意識的に正さなければならないという課題まで背負いこんでいる。我々は本当にむずかしい時代に生まれついたものである。

「内なる自然」との調和という、このむずかしいことに、一生をかけて取り組んだのがユングという人であった。しかもそのことを普通では考えられないくらいに見事になしとげていったと言ってよいと思う。私達がユングから学びうることは非常に多いのである。

# あとがき――さらに勉強したい人のために――

はじめてユングにふれる人にもわかるようにと、いろいろ工夫して書いたつもりであるが、後半は少しむずかしくなってしまった。とくに「五　自分の宗教・自分の神話」と「六　文明批判とナチス論」はユング派の中でもまだ研究が一番進んでいない高度な問題であるためもあって、むずかしい問題に挑戦しすぎたきらいがあるかもしれない。しかしこれらの問題の中に最もユングらしい所が出てくるので、これを省くわけにはいかなかったのである。初心者は全部わからなくても、なんとなくどんなことが問題になっているのかを感じとってもらう程度でよいと思う。そしてもう少し勉強してから、もう一度読みかえしてもらうと、きっとまた得るところがあるものと確信している。

ユングの思想をさらに深く勉強したいと思う人は、筆者の次の著書を読んでいただくと、無理なく理解が進むと思われる。

『無意識への扉をひらく――ユング心理学入門Ⅰ』（ＰＨＰ新書、二〇〇〇）

『心のしくみを探る―ユング心理学入門Ⅱ』（PHP新書、二〇〇一）
『心の不思議を解き明かす―ユング心理学入門Ⅲ』（PHP新書、二〇〇一）
このように入門だけで三冊というのは前例がないと思う。それだけに非常に詳しい内容になっており、記述も平明かつ具体的で、本書の次に読むのに適切である。

以下おもな参考文献を掲げておく。
『図説ユング』（河出書房新社、一九九八）
これはユングの生涯をたどりながら、ユングの学説の個々の部分がどの時期にどういう契機で出てきたかを明らかにしている。カラーの写真や絵が豊富で楽しめる。
『ユング思想の真髄』（朝日新聞社、一九九八）
これは本格的な解説書であり研究書である。ユング思想の思想的背景から説き起こし、とくに学問方法論を重視し、最後に「対立物の結合」といったユング思想の特徴について詳述している。
『ユングと学ぶ名画と名曲』（朝日新聞社、二〇〇三）
これはユング心理学を応用して芸術作品を解釈したものである。ムンク、モーツァルト、ダ＝

ヴィンチ、ワーグナー、ヘンリー＝ムーアを分析している。

『日本神話の英雄たち』（文春新書、二〇〇三）
『日本神話の女神たち』（文春新書、二〇〇四）
『ユングでわかる日本神話』（文春新書、二〇〇五）
これらは日本神話をユング心理学で分析・解釈したものである。

なお、ユングの著書を読みたい人のためには、以下の訳書がある。
ユング『人間と象徴』（河合隼雄監訳、河出書房新社、一九七五）
ユング『分析心理学』（小川捷之訳、みすず書房、一九七六）
ユング『心理学と錬金術』Ⅰ・Ⅱ（池田紘一・鎌田道生訳、人文書院、一九七六）
ユング『タイプ論』（林道義訳、みすず書房、一九八七）
ユング『ヨブへの答え』（林道義訳、みすず書房、一九八八）
ユング『心理療法論』（林道義訳、みすず書房、一九八九）
ユング『心理学と宗教』（村本詔司訳、人文書院、一九八九）
ユング『アイオーン』（野田倬訳、人文書院、一九九〇）

ユング『個性化とマンダラ』（林道義訳、みすず書房、一九九一）
ユング『子どもの夢』Ⅰ・Ⅱ（氏原寛監訳、人文書院、一九九二）
ユング『連想実験』（林道義訳、みすず書房、一九九三）
ユング『転移の心理学』（林道義ほか訳、みすず書房、一九九四）
ユング『自我と無意識』（松代洋一ほか訳、第三文明社、一九九五）
ユング『結合の神秘』Ⅰ・Ⅱ（池田紘一訳、人文書院、一九九五、二〇〇〇）
ユング『現在と未来』（松代洋一訳、平凡社、一九九六）
ユング『創造する無意識』（松代洋一訳、平凡社、一九九六）
ユング『元型論』増補・改訂版（林道義訳、紀伊国屋書店、一九九九）
ユング『夢分析』Ⅰ・Ⅱ（入江良平ほか訳、人文書院、二〇〇一、二〇〇二）

# ユング年譜

| 西暦 | 年齢 | 年譜 | 関連事件および参考事項 |
|---|---|---|---|
| 一八七五 | | 七月二六日、スイスのケスヴィルで生まれる | |
| 七六 | 一 | ラウフェンに転居 | |
| 七九 | 四 | クライン・ヒューニンゲンに転居<br>この頃、「地下の神」の夢 | |
| 八六 | 一一 | バーゼルのギムナジウムに入学<br>この頃、「大聖堂を破壊する神」のイメージ | |
| 八七 | 一二 | この頃、登校拒否症 | |
| 九五 | 二〇 | バーゼル大学医学部に入学 | 日清戦争終結 |
| 九六 | 二一 | 父死す | |
| 一九〇〇 | 二五 | チューリッヒ大学のブルクヘルツリ精神病院の助手となる | フロイト『夢の解釈』出版 |
| 〇三 | 二八 | エマ＝ラウシェンバッハと結婚 | |
| 〇五 | 三〇 | 『診断的連想研究』出版 | 日露戦争終結<br>第一次ロシア革命 |

| | | | |
|---|---|---|---|
| 一九〇七 | 三二 | 初めて、フロイトをウィーンに訪問<br>『早発性痴呆症の心理』出版 | |
| 〇九 | 三四 | フロイト、フェレンツィとともにアメリカ旅行 | |
| 一〇 | 三五 | 「国際精神分析学会」創立、初代会長となる<br>ブルクヘルツリ精神病院をやめ、個人開業医に専念 | |
| 一二 | 三七 | 『リビドーの転換とシンボル』出版<br>フロイトと訣別 | ルドルフ＝オットー『聖なるもの』出版 |
| | | | A・アドラー「国際精神分析学会」を脱退 |
| 一四 | 三九 | 「国際精神分析学会」を脱退 | 第一次世界大戦勃発 |
| 一六 | 四一 | 『死者への七つの説教』を書く<br>最初のマンダラを書く | 「心理学クラブ」設立 |
| 一八 | 四三 | 戦争被抑留英国人収容所指揮者（シャトー・ドエ）（〜一九一九） | 第一次世界大戦終結 |
| 一九 | 四四 | | ヘッセ『デミアン』出版 |
| 二〇 | 四五 | 北アフリカ旅行 | |
| 二一 | 四六 | 『心理的タイプ』出版 | |
| 二二 | 四七 | ボーリンゲンに土地を買う | |
| 二三 | 四八 | ボーリンゲンに「塔の家」を建てる<br>母死す | |
| 二四 | 四九 | アメリカ旅行（〜一九二五） | |

| | | | |
|---|---|---|---|
| 一九二五 | 五〇 | アフリカ旅行(〜一九二六) | |
| 二七 | 五二 | | ヘッセ『荒野の狼』出版 |
| 二八 | 五三 | 『分析心理学に関する二論文』出版 | 「エラノスの集い」始まる |
| 二九 | 五四 | ヴィルヘルム『黄金の華の秘密』の独訳への注解、出版 | 大恐慌起こる |
| 三三 | 五八 | 「国際心理療法医学会」の会長となる<br>「エラノスの集い」に初めて参加、講義を行う(以後、一九五二年まで、一四回の講義を行う) | ヒットラー、首相となる<br>日・独、国際連盟脱退 |
| 三七 | 六二 | エール大学で「テリー講義」(『心理学と宗教』) | 日・独・伊三国枢軸成立 |
| 三八 | 六三 | インド旅行 | ドイツ、オーストリア併合 |
| 三九 | 六四 | 「国際心理療法医学会」会長を辞任<br>鈴木大拙『禅仏教入門』の独訳に序文を書く | ドイツ、ポーランド進撃<br>第二次世界大戦勃発 |
| 四〇 | 六五 | 『心理学と宗教』ナチスにより発禁にされる | ドイツ軍、パリ占領 |
| 四一 | 六六 | ケレニイとの共著『神話学入門』出版 | 独ソ開戦 |
| 四四 | 六九 | 『心理学と錬金術』出版<br>大病、生死の境をさまよう | |
| 四五 | 七〇 | | 第二次世界大戦終結 |
| 四六 | 七一 | 『転移の心理学』出版 | インドシナ戦争始まる |
| 四八 | 七三 | 「ユング研究所」設立 | |
| 四九 | 七四 | | 中華人民共和国成立 |
| 五〇 | 七五 | | 朝鮮戦争勃発(〜一九五三) |

| | | | |
|---|---|---|---|
| 一九五一 | 七六 | 『アイオーン』出版 | |
| 五二 | 七七 | 『ヨブへの答え』発表 | |
| 五三 | 七八 | トニー＝ヴォルフ死す | |
| 五四 | 七九 | | ジュネーブ協定調印 |
| 五五 | 八〇 | 妻エマ死す | |
| | | 『結合の神秘』第一巻出版 | |
| 五六 | 八一 | 『結合の神秘』第二巻出版 | |
| 五八 | 八三 | 『現代の神話——空飛ぶ円盤』出版 | |
| 六〇 | 八五 | | 南ベトナム民族解放戦線結成 |
| 六一 | 八六 | 六月六日、死す | |
| 六二 | | 『思い出・夢・思想』（自伝）出版 | |
| 六四 | | 『人間と象徴』出版 | |

# さくいん

ユング■人と思想59　　定価はカバーに表示

1980年10月25日　第1刷発行©
2015年9月10日　新装版第1刷発行©
2023年2月25日　新装版第2刷発行

・著　者 ……………………………… 林《はやし》　道義《みちよし》
・発行者 ……………………………… 野村　久一郎
・印刷所 ……………………… 大日本印刷株式会社
・発行所 ……………………… 株式会社　清水書院

〒102-0072　東京都千代田区飯田橋3-11-6
Tel・03(5213)7151～7
振替口座・00130-3-5283
http://www.shimizushoin.co.jp

検印省略
落丁本・乱丁本は
おとりかえします。



CenturyBooks

Printed in Japan
ISBN978-4-389-42059-8

Century Books

# 清水書院の〝センチュリーブックス〟発刊のことば

近年の科学技術の発達は、まことに目覚ましいものがあります。月世界への旅行も、近い将来のこととして、夢ではなくなりました。しかし、一方、人間性は疎外され、文化も、商品化されようとしていることも、否定できません。

いま、人間性の回復をはかり、先人の遺した偉大な文化を継承して、高貴な精神の城を守り、明日への創造に資することは、今世紀に生きる私たちの、重大な責務であると信じます。

私たちがここに、「センチュリーブックス」を刊行いたしますのは、人間形成期にある学生・生徒の諸君、職場にある若い世代に精神の糧を提供し、この責任の一端を果したいためであります。

ここに読者諸氏の豊かな人間性を讃えつつご愛読を願います。

一九六六年

清水 [illegible]

SHIMIZU SHOIN